财富与价值

小学低段

潘席龙　祖强◎主编

联合出品方

西南财经大学财商研究中心　华西证券投资者教育基地

西南财经大学出版社

图书在版编目(CIP)数据

财富与价值:小学低段/潘席龙,祖强主编.—成都:西南财经大学出版社,
2019.9(2020.1 重印)
ISBN 978-7-5504-4120-0

Ⅰ.①财… Ⅱ.①潘…②祖… Ⅲ.①金融学—儿童读物 Ⅳ.①F830-49

中国版本图书馆 CIP 数据核字(2019)第 187705 号

财富与价值(小学低段)
CAIFU YU JIAZHI XIAOXUE DIDUAN
潘席龙 祖强 主编

总 策 划:李玉斗
策划编辑:何春梅
责任编辑:何春梅
封面设计:冯单单
插画设计:刘玥延 谢莹
责任印制:朱曼丽

出版发行	西南财经大学出版社(四川省成都市光华村街 55 号)
网　　址	http://www.bookcj.com
电子邮件	bookcj@foxmail.com
邮政编码	610074
电　　话	028-87353785
印　　刷	四川新财印务有限公司
成品尺寸	170mm×230mm
印　　张	10.5
字　　数	117 千字
版　　次	2019 年 9 月第 1 版
印　　次	2020 年 1 月第 2 次印刷
书　　号	ISBN 978-7-5504-4120-0
定　　价	48.00 元

国民金融教育之青少年五德财商系列教材

编委会

专家委员会：曾康霖　郑晓满　刘锡良　杨炯洋　王　擎
杜　伟　钟　樱　张显国

编　　委：潘席龙　祖　强　梁群力　陈保全　郅春阳
刘晏如　宋明莎　王　雪　唐　岭　谢　洋
刘会宝　黄　伟　柳　舒

监　　制：四川省证券期货业协会投资者教育与服务委员会

特别感谢：

四川证监局投资者保护处在本教材编写过程中提供的宝贵意见！

专家个人简介

专家

1. 曾康霖

中国金融学会常务理事和学术委员会委员，四川省金融学会副会长，四川省人民政府学位委员会委员，国务院政府特殊津贴获得者；1994 年被“英国剑桥国际名人传记中心”载入《国际名人传记词典》，2013 年度获得“中国金融学科终身成就奖”。

2. 郑晓满

四川省证券期货业协会会长，四川省上市公司协会常务副会长，四川金融学会理事，中国证券业协会自律协调委员会副主任。

3. 刘锡良

教育部人文社会科学重点研究基地中国金融研究中心名誉主任，长江学者特聘教授，国务院参事室金融研究中心研究员，教育部经济学教学指导委员会委员，中国金融教材编审委员会主任，中国金融学会常务理事和学术委员会委员，四川省人民政府科技顾问团顾问，四川省金融学会常务理事，享受国务院政府特殊津贴。

4. 杨炯洋

华西证券股份有限公司董事、法定代表人、总裁，成都市政府参事，中国证券业协会投资银行委员会委员，资深投资银行专家。

5. 王擎

教育部人文社会科学重点研究基地中国金融研究中心主任，入选 2011 年教育部“新世纪优秀人才支持计划”、四川省学术与技术带头人，四川省有突出贡献专家，2013 年全国金融教育先进工作者，四川省世界经济协会理事，四川省科技青年联合会常务理事，全国金融系统青年联合会委员、中国金融学年会理事。

6. 杜伟

四川师范大学副校长，国务院政府特殊津贴专家、教育部新世纪优秀人才计划人选，教育部文化素质教学指导委员会委员，四川省学术与技术带头人，四川省有突出贡献优秀专家；主持完成国家及省级课题 20 余项；多项成果获国家和省级奖励，其中，教学成果奖 14 项。

7. 钟樱

成都市金沙小学校长，第五届全国教育改革创新杰出校长，四川省特级教师，四川省优秀共产党员，四川省家庭教育先进个人，成都市政府督学，成都市劳动模范；多次荣获国家级各类奖项，出版专著多部。

8. 张显国

天府第四中学校长，全国杰出德育工作者，成都市特级教师，成都市首批未来教育家，四川师范大学硕士研究生导师。主持主研国家、省、市级课题 6 项，获得教育部首届基础教育国家级教学成果二等奖、中国教育学会优秀科研成果一等奖、四川省人民政府第四届教学成果一等奖。

序一

五德财商：国际视野与中国智慧的结合

正所谓“开门七件事，柴米油盐酱醋茶”，生命的存在与发展离不开基本的物质和资源。而人们赖以生存、发展的物质又千差万别、多种多样，因此能同时交换几乎所有资源的一般等价物——货币或钱就非常重要了，它是我们日常交换衣、食、住、用、行必须具备的东西，所以人们常说“钱不是万能的，但没有钱是万万不能的”。那么，“钱”到底是什么？从哪里来？该用到何处去？应该如何正确看待？物质财富与人生幸福又有怎样的关系？探究和回答这些问题，正是我们出版“国民金融教育之青少年五德财商系列教材”的初衷所在 —— 探讨关于财富的智慧，也就是财商。

当今世界，随着社会经济的迅速发展，财经理论和实践的不断演进，世界各国创造了数不胜数的金融思想、金融工具和市场规则。这就要求我们每个人、每个家庭、每个企业甚至政府，都必须具备一定的金融素养和财经智慧，也就是必须有“财商”，这样才能更好地应对日益复杂的经济金融环境。

那么“财商”究竟是什么意思呢？现代意义上的“财商”一词，

由美国作家兼企业家罗伯特·T.清崎和莎伦·L.莱希特在《富爸爸穷爸爸》系列丛书中首次提出，意为“财务智商”，即管理财务、创造财富的智商。这一概念在进入中国后，学术界和实务界虽从不同维度开展了大量的研究和探索，但到目前为止，各界仍未能就“财商”的概念与内涵达成共识。

人类赖以生存的地球环境和资源是公共的，这是全人类创造和使用财富的基础，所以不同的个体或组织在经济活动中必然相互影响、彼此作用，既可能存在冲突，也可能形成合作。因此，财富的创造和使用，不仅仅是个人行为，也不只是个别家庭的行为，而是社会行为。学习财商的目的，就是要学会思考在创造人生财富、实现人生幸福的过程中，怎样才能找到能同时善待自己、他人、社会和环境的最优解决方案，以避免不必要的冲突，争取最广泛的合作，从而降低行为成本，进一步提高行为效率。因此，财商绝不只是经济学的概念，它还涉及哲学、社会学、伦理学和心理学等多学科的内容，是一门综合性极强的学科。

纵观目前国内财商教育相关的出版物和课程，我们发现其中绝大部分直接沿用了当前美国、英国和日本等国家的财商教育内容与体系。虽然这些国家现代意义上的财商学起步较早，发展也较完善，但不同国家在文化、伦理、哲学等方面的差异是不容忽视的，因此只有将我们自己的国情、文化和社会价值观等内容有机融入，才能构建适合我国实际情况和历史文化特点的财商学体系。

事实上，现代意义上的“财商”虽是外来词，但财商的内涵却早已植根于我们的传统文化之中，并有着十分准确和精练的表述。两千多年前的《易经 · 坤卦》里，我们的祖先就讲“君子以厚德载物”，阐明了“德”与“物”的关系；而《国语 · 晋语六》里也提出，“唯厚德者能受多福，无福而服者众，必自伤也”；唐朝名相张说在其《钱本草》中，则从中医五行生克和药性理论的角度，为金钱列出了“七性”，生动地阐释了金钱的基本特征。纵观我国历代对“财富”和“金钱”的讨论，可以发现其中一个共同之处，即认为“德”为“物”之基，厚德方能载物。

秉承这一核心理念，可知财商不同于财经“知识”或“技能”，其根本应为财德，是一种正确认识、看待、获取和使用财富的智慧。而智慧，不同于智力或知识。例如，智力或知识使人类具备了发明原子弹的能力，但阻止人类使用原子弹所依靠的却不是这种能力，而是懂得如何平衡各国利益、促进共同发展、避免冲突与战争的智慧。人类运用智力开发了大量金融工具，其中有些工具的威力不亚于原子弹。如 2008 年，次级债的财务杠杆就给全球带来了金融海啸。而指导人们如何正确使用这些工具，需要的却是财经智慧，也就是财商。例如，商业银行体系发明了利用财务杠杆赚取利润的机制，为各商业银行无限扩大财务杠杆提供了可能性，但《巴塞尔协议》系列文件，对商业银行过分扩大财务杠杆危及全球金融安全做出了限制。

因此财商讨论的，不只是财经知识，也不只是使用金融工具的财经技能，而是从财经角度出发，探讨如何统筹运用一切资源帮助人们实现财富、家庭幸福、国家太平和世界大同，其中涉及基本理念、思维方法、行为习惯、态度和情感等。

获得财富须先修德，一个“修”字，表明德源于我们的所作所为，也就是我们的行为。通常认为，财经行为主要分为五种：用钱、挣钱、保钱、投钱和融钱。但这五种财经行为只有在符合某种规范和标准时，才能真正修德，成为财德之源。这个标准，从我国传统文化看，正好对应于“五常”，那就是：用钱之德源于仁，挣钱之德源于义，保钱之德源于礼，投钱之德源于智和融钱之德源于信，这也正是“五德财商”的基本内容。

用钱之德源于仁，指在财富的使用上，要“以善为本”，对自己或他人均有所助益。如餐桌上的铺张浪费，就不合乎“仁德”，因为虽然钱财是个人的，但资源本身属于全人类，表面上看，浪费的是个人财富，糟蹋的却是全人类的资源。

挣钱之德源于义，指“君子爱财，取之有道，无道之财不可受”。通过造假、欺瞒等非法手段（如“地沟油”“假疫苗”等）赚取“黑心钱”即属不义之财。这类不义之财不但不能挣，还应该坚决抵制并加以制止，因为这种“不义”之行，严重损害了他人的合法权益，损害了社会正义和公平。

保钱之德源于礼，指人们要清楚自身认知能力的局限性，对客观存在的不确定性、未知事物要保持应有的敬畏和尊重。自觉遵守市场规则、法律法规以及社会礼仪，是养成这种习惯的基础，也是他人考察我们做事风格和行为底线的重要内容。

投钱之德源于智，指人们在投资时，应充分了解自身在投资项目中或使用投资工具时的权利、责任和义务，在看到收益的同时能了解背后的风险。例如，有人被维克币、e租宝、不良P2P的高利诱惑而遭受重大损失；再比如，有人使用财务杠杆不当，以数倍于自有资本的融资炒股最后血本无归……悲剧的发生，都是因为不懂、不明、不畏风险，错误地把赌博当成了投资。

融钱之德源于信背后的内涵是“人以信立”，人没有信用则无法在社会上生存和发展。如果一个人在经济生活中失去了信誉或信用太差，则很难融资，也就没有机会利用“信用资本”快速发展；在日常生活中也是一样，言而无信的人也不可能交到真正的朋友、积累自己的人脉、组建自己的事业团队。在事事讲究“团队合作”的时代，失去信任而没有团队，将寸步难行。

可见，财商的核心是财德，有德方能有所得，无德则不得，无德而得反受其累。财商五德与儒学五常存在这样的内在联系并非偶然，其根本原因在于财富与幸福之道的本质就是做人之道。个人的行为，本来就应该符合家庭、社会以至世界普世价值的要求——五行之常，也就是让自己的行为符合社会对人的最基本要求，让自己成为一个“合格的人”。财德只是“做人之德”的一部分，必然要符合“做人五常”的要求，才有可能广辟财商五德之源，筑好财商的根基，进而积累人生财富，实现“修身、齐家、治国、平天下”的理想。

愿同学们从本系列教材中学有所“德”，进而在追求财务自由和人生幸福的道路上真有所“得”！

曾康霖

序二

探索“经世之智、济民之慧”

过去 20 多年来，诸如美国、日本、英国等西方发达国家越来越多地将财经素养教育纳入国民教育体系，使其成为中小学乃至幼儿园的基础教学内容。世界各国已基本形成共识，那就是，对一个人的事业成功、家庭幸福而言，财商或财经素养与智商、情商同样重要，并将三者合称为 21 世纪人才必备的“三商”。在这一国际趋势和背景下，我国目前市面上的财商书籍和课程普遍具有如下三个特征。

一是向“财经奥数化”方向发展，即把大学财经专业的知识、专业财经人员的工作技能，直接简单切割和分解后灌输给青少年甚至儿童。这一做法的“好处”是，“成果”清晰可考，容易出“成绩”；不足之处是，过早让青少年陷于财经之“技”而弱于“道”，容易只见树木不见森林；另一个更大的潜在问题是，将财商课程设计成另一门“为考试而生”的“财经语文”或“财经数学”，不顾青少年的年龄特征和认知规律强行灌输大学知识，容易引起青少年对财经领域知识的反感和厌学情绪，拔苗助长，适得其反。

二是过于偏重财经游戏或故事而缺乏系统、专业的规划和安排，相关知识和理念显得过于零乱、碎片化而缺乏整体性。如何在青少年这个教学层次中体现出知识的系统性和结构性，既要浅显易懂，又要在同一年龄段和不同年龄段之间形成体系；不仅能浅出，而且还要深入，确实是非常具有挑战性的。

三是目前市面上的财商书籍多数是直接照搬国外财商书籍的相关内容，而未能结合我国的传统、文化、思想和社会实际，脱离了学生的生活环境，不利于学生及时、有效地应用所学到的知识。

“财商”虽是外来词，但在我国源远流长的历史典籍中，不乏对财经问题的深刻阐释和精彩讨论，彼时虽然名称上不叫“财商”，其核心理念和思想却是一脉相承的。甚至有学者考证认为，西方“经济学之父”亚当·斯密的“无形之手”，可以追溯到司马迁的《史记·货殖列传》。而老子“无为”主张下的“自然经济”观，儒家以仁为本基础上的“君子爱财，取之有道”，《商君书·定分》中对“一兔群逐”与“卖兔者满市而盗不取”的比较所体现出的产权思想等，充分表明中国文化中有许多闪光的财经思想，许多内容是值得我们继承和发扬的。

近年来，党和国家也充分意识到了财商教育的重要性，出台了一系列文件和政策来推进这项工作。历来高度重视投资者教育的券商，华西证券股份有限公司提议共同研发一套用于青少年财经素养教育的教材，与我素来希望向全民普及财商教育的想法不谋而合。为此，我们共同聘请了专家委员会，组建了编写团队，开始进行这项探索性工作。经过反复磋商和讨论，我们为这套书提出了以下基本构想：

一是系统安排上，将“修身、齐家、治国、平天下”的传统人文理想，与青少年成长、发育的阶段相结合。整套教材分为四册，分别适用于小学低段（1～3年级）、小学高段（4～6年级）、初中和高中。四册的主题分别为：财富与价值、家庭与传承、企业与梦想、社会与责任。因此，这套系列教材，既是“系列的”，可以单买单用；又是“连续的”，循序渐进的效果会更好。

二是内容安排上，遵照“六合”的基本原则，即“古今、中外、财情、知行、亲子、课堂内外”相互结合。例如，我们将美国政府所提出的“五钱”，即用钱、挣钱、保钱、投钱和融钱的五“技”，分别对应于我国传统的“仁、义、礼、智、信”的五德，突出了技背后的德，以及德背后的真正智慧。

这套书的另一个特点，就是在教学内容和过程中，力求“三商”统一，学以致用。本套教材的目标，不是应试，不是为了参加某种比赛做应急准备，也不强调死记硬背某些财经知识点。我们更强调财经思维习惯、思考方法的培养，重在提升解决问题的能力和增进财经智慧；同时，我们强烈建议家长以帮助孩子学习财商为契机，亲子之间共同研究、讨论，并在家庭内具体加以应用，让您的家庭更加幸福美好。

三是教程设计上，我们强调一切以受教育的孩子为中心，知识要靠孩子自己去发现，而不是老师去灌输；智慧只有在深度思考中才能获得，绝不是和电脑比数据存储能力。因此，对于书中很多财经知识点，我们会尽力避免直接去“点透”，也不会给出所谓的“标准”定义或概念，而是留给孩子们去发现。为了教学方便，我们也在每课后列出了各课的财商思考点作为提示。

再次重申，本套教材的目标，不是培养“考试机器”或“竞赛兔子”，而是着力提升孩子们的财经智慧、奠定他们幸福人生所必要的财富思维。因此，虽然本套教材也可作为财商或财经素养学习的知识性丛书，但真正更为重要的作用，是作为全面提升财经智慧的行动手册，增进家庭互信、互谅和家庭幸福感的亲子关系建设用书以及训练青少年组织与领导力的指导书。

本册《财富与价值》的主题是“修身”。财商领域的修身，最重要的就是培养正确的财富和价值观念，即明白什么才是最有价值的财富以及应如何正确追求、使用这些财富。全书共分四个单元，各单元内容安排如下：

第一单元，多样的财富。从身边的物质财富出发，引入并拓展了对时间财富、友情财富和健康财富的讨论。

第二单元，财富的源泉。则通过职业差异、职业技能、行行出状元等内容，阐释了智慧才是财富之本源，而智慧来自“独立之思想”和“自由之精神”，来自不断的学习、实践和自我提升，将个人的财富追求与学习成长有机地结合了起来。

第三单元，财富的使用。主要讨论了财富价值的相对性，而这个相对性的基础是使用者的“智慧”。有用与无用、得与失、合作与团队、财富的真正“用途”等，是这一单元的主题。

第四单元，财务自由。在对“小钱”与“大钱”、“成绩”与“奖励”、“风险”与“应对”讨论的基础上，最后突出了个人理财修养的基本目标：财务自由，包括如何认识财务自由和如何追求个人财务自由等内容。

考虑到小学生学习的实际情况，本书将相关财商游戏和实践内容另行印刷成了独立的图册。图册的内容是与教材配套使用的，为了增强课程的实效，建议读者同时购买配套的图册，加强练习和讨论，以帮助孩子们“学以致用”。

有人讲，“做科普非大师不可”。我深知自己离大师何止十万八千里之遥,却仍不揣冒昧编撰这套教材。一方面,是得到了真正大师的帮助,特别是西南财经大学中国金融研究中心曾康霖教授、刘锡良教授、王擎教授、李建勇教授，以及四川师范大学杜伟教授的悉心指导，这给了我们极大的支持与勇气；另一方面，也是本着抛砖引玉的目的，先抛出这块简陋的砖头，希望能引出更多的美玉来。

在本册付印之际，请允许我对华西证券股份有限公司杨炯洋总裁提出的修订意见表示感谢；对成都市金沙小学钟樱校长在构思和撰稿过程中的巨大贡献表示衷心的感谢；也感谢西南财经大学中国金融研究中心的硕士研究生于超同学在前期的初稿撰写中，为收集和整理了大量材料付出的艰辛；感谢西南财经大学出版社的精心策划、设计、排版和编校；感谢金沙小学刘玥廷副校长和谢莹老师为本书绘制的精美插图；还有其他为本套教材提供帮助的老师、同学和朋友们，在此谨一并表示诚挚的谢意！

限于笔者水平，书中难免有不当和疏漏之处，欢迎广大读者朋友批评指正。有任何意见和建议，请电邮至 panxl@swufe.edu.cn，不胜感激！

潘席龍

序三

国民金融教育，从青少年做起

金融教育已经成为全球重点关注的热点话题。从国际上看，美国、英国、日本、澳大利亚等国家都早已将金融教育纳入国民教育体系，要求从基础教育阶段开始教授学生金融知识，培养学生的金融意识。新中国的金融教育，早期主要体现在高等教育中，如各大学设立的金融等相关专业；随后拓展到中等职业教育，如银行学校等；后来，由各证券公司主导的“投资者教育”出现，主要强调提高投资者的投资能力和金融素养，从而更好地保护投资者的合法权益。

从投资者教育的发展来看，中国证券监督管理委员会在 2000 年发起和推动了一场在中国证券市场历史上空前的投资者教育“运动”，正式拉开了我国投资者教育工作的序幕，早期教育的对象主要是市场上各类投资者。随着时代的发展和投资者教育研究的深入，越来越多的专家、学者和监管机构纷纷表示，要想真正做好投资者教育工作，必须将其纳入国民教育体系，从基础教育阶段开始进行金融教育，促进国民金融素养的整体提升。

目前，我国投资者教育工作已经步入一个新的发展时期——转型期，即从强调投资者教育向国民金融教育转型的时期。2017 年 7 月，中国人民银行在《消费者金融素养调查分析报告（2017）》中建议推进金融知识纳入国民教育体系；与此同时，证监会也正在积极推进将投资者教育纳入国民教育体系，推动上海、广东、四川、青岛、宁夏等 20 余个省、自治区、直辖市开展试点工作，将投资者教育纳入中小学、高等院校、职业学校等各级各类学校的课程设置中。2019 年 3 月，证监会与教育部联合印发《关于加强证券期货知识普及教育的合作备忘录》，指出国民金融教育对社会发展具有重要意义，并重点提出要推动证券期货知识有机融入学校课程教材体系。

可见，促进金融教育纳入国民教育体系，让金融知识早日进入中小学课堂，从小培养学生的财商智慧，提升金融素养，已经逐步成为我国国民素质提升和维护资本市场稳定发展的重要环节。而从成熟市场上的经验来看，国民金融教育的实施通常要依靠政府、金融机构、教育机构、第三方组织等多方的共同努力，才能达到更加理想的效果。在此背景下，华西证券投资者教育基地联合西南财经大学财商研究中心，以中小学生为对象，共同研发了本套“国民金融教育之青少年五德财商系列教材”。

“国民金融教育之五德财商系列教材”以五德财商理论体系为核心，根据青少年的认知发展规律，以《礼记·大学》中的“物格而后知至，知至而后意诚，意诚而后心正，心正而后身修，身修而后家齐，家齐而后国治，国治而后天下平”理念为基础，强调青少年的成长应依循从个人修身做起、关爱自己的家庭、懂得企业运作与管理到社会责任的承担和为社会做贡献这一发展逻辑；同时，本套丛书特别突出了“厚德载物”——投资先投德、积财先积德的基本理念，希望能帮助青少年从小树立正确的财富观、价值观和人生观，并内化为他们未来发展的基本理念。

本系列教材分别针对小学低段（1～3年级）、小学高段（4～6年级）、初中段和高中段四个年龄段，各成一册，共四册。四册书的书名分别为《财富与价值》《家庭与传承》《企业与梦想》《社会与责任》。同时，考虑到青少年对复杂的财经理论难以一次性理解到位的情况，本系列教材规避片面、填鸭式的教学模式，更多地以身边的案例、生活中的故事、细小却深刻的观察为基础，通过对主人公生活场景的故事化叙述，将金融专业词汇恰当地融入教材内容中，让金融知识变得通俗易懂，引导学生发现相关问题及其背后蕴含的道理。

希望本教材能够激发青少年对经济学、金融学和社会学的兴趣，促进我国青少年财商智慧和金融素养的提升。也希望本教材能够帮助家长了解财商教育的内涵和重要性，让家长理解日常生活场景中所隐含的各类财商小知识，从而更好地引导孩子形成正确的财商理念。

目录

人物介绍

财商小明星 赛德

赛德的爸爸 宏义

赛德的妈妈 崇礼

赛德的表哥 咏仁

赛德的同班同学 美智

赛德的好朋友 承信

第一单元

多样的财富

第1课

货币、交换与产权

什么有脚不走路？什么无脚走天下？

——刘三姐[1]歌谣

①刘三姐是壮族古代民间传说的歌手，聪慧机敏，歌如泉涌，优美动人，有“歌仙”之誉，每年的三月三是壮族地区为纪念刘三姐而形成的民间纪念性节日。2006年，广西壮族自治区宜州市申报的“刘三姐歌谣”，入选第一批国家级非物质文化遗产名录。

身边的财商启示

赛德今年上小学后，也开始有小烦恼了。原来，以前他需要什么，爸爸和妈妈总是会提前为他准备好。可现在爸爸宏义和妈妈崇礼却经常让他自己去商店购买，说都是小学生了，该锻炼锻炼了。

在这“心不甘、情不愿”的锻炼过程中，赛德还真有新发现：我们生活在这个世界上，几乎无时无刻不在跟钱打交道。对于我们每天的衣食住行来说，没有钱是根本无法想象的。比如，去文具店买文具需要付钱，乘公交车去上学需要投币或者扫码付钱，去餐厅吃大餐也要花钱，还有，每天居住的房子也是要用好多好多的钱来买的。

那么，钱究竟从哪儿来？为什么它那么重要？赛德决定去问问学识渊博的爸爸。

财商故事会

货币的前世与今生

宏义看着儿子通过日常生活的观察和感受开始对“钱”感兴趣，会心一笑，摸着赛德的头说：“既然你对钱这么感兴趣，那老爸就来给你上一堂关于‘货币’的财商课，带你走进财富新世界吧！”

钱是怎样出现的

远古时代是没有“钱”的，一开始也没有用钱进行交易。如果我们的老祖先想得到自己想要的东西，就只能用自己的东西与他人进行交换，也就是常说的“以物易物”或者“物物交换”。例如，一个猎人可以用一只野兔去换其他人采摘的野果。

交易成功的前提是，两个人交换的东西刚好是对方想要的，并且，交换的东西在数量上也要“差不多”才行。例如，一只羊可以换四篮野果，可如果你只想换一篮野果怎么办？总不能把羊切分成完全一样的四份来完成这一次交易吧。要同时满足这两个条件并不容易，因此在远古时代，人们之间要达成一项交易是很困难的。

后来，我们的祖先找了几种可以同时和多种不同的物品进行交换的物件。也就是说，这几种特殊的物件被大家广泛接受，成了“交易的中介”。而那些固定地充当交易中介的东西，就成了“货币”或“钱”，如牛、羊、贝壳等。

货币形式的演变

用牛、羊做货币没法分割来进行交易；而用贝壳，又太多且清点起来太麻烦。到了我国的商代，铜因为其性质稳定、易于铸造、冶炼难度比较适中，而被选中作为日常交易的“货币”。公元前 14 世纪就出现了模仿贝壳铸造的“铜贝”，它是我国同时也是世界上最早的金属货币。铜，作为货币金属，从那时开始一直用到了清朝末年的 20 世纪，在我国前后经历了 3 000 多年。

随着生产力的发展，交易量不断增加，以铜币作为货币的缺点也暴露了出来——铜币的价值太低，因此额度大的交易通常需要大量的铜币。因此，人们便继续寻找一种价值更大、体积更小、容易切割、不易损坏的金属来做货币，在众多的金属中，黄金成了不二之选。

然而世界上的黄金数量毕竟太少。社会经济进一步发展后，交易总量不断扩大而黄金的数量又十分有限，这之间的矛盾便催生了“法定货币”（简称“法币”—— 千万别误以为是法国的货币），也就是每个国家以法律所规定的形式化货币，如人民币、美元、泰铢等。

未来的货币

可以看到，货币最重要的性质，就是用于交换。只从交换的角度来看，具体是以贝壳、牛、羊、铜、银、黄金或纸等哪种形式出现并不重要。

随着科学技术的发展，货币的形态也在不断演化。比如，现在很多交易甚至都不再使用现金，而是通过电子数据方式进行记账支付，比如直接刷信用卡支付，用手机扫微信或支付宝二维码来进行支付等。

货币形态经历了从有形到无形这一重大转变，使我们的交易变得越来越方便了。纵观货币形态的演化，可以看到，仅仅是货币财富，也有着完全不同的各种形式。

听完爸爸的介绍，赛德拿着去年夏天去海南旅游买回来的几串美丽的贝壳，手舞足蹈地说：“如果在古代，我可就发财了。妈妈，下次去海边，咱们再多买一些贝壳。我要穿越回古代！”崇礼看着儿子天真的模样，忍不住笑了。

畅所欲言

1. 你知道我国历史上都出现过哪些货币吗？

2. 什么是“法币”？你见过哪些不同的“法币”？知道上面的文字和图案代表什么意思吗？

3. 有人说“钱是万能的”，你同意这个说法吗？为什么？

4. 远古时期，如果人们想要他人的东西，却无法通过交换获得，还可以用什么办法获得？如果去动物园，请注意观察猴群是如何分配食物的，在这个过程中，你明白“交换”或“公平交易”的重要性了吗？

谁捡到就归谁？

下午快放学的时候，赛德发现邻组的新同学美智一个人正低着头，悄悄地在抹眼泪。经过一番耐心的询问，赛德终于弄明白了其中的原因，原来是班上的小谭同学捡到了美智的铅笔，说什么也不肯还给她，还耍赖说：“那支铅笔是我的！是我在地上捡到的，谁捡到就归谁！”

美智抽泣着告诉赛德，那支精美的中华牌铅笔是她过生日的时候妈妈给她买的，平时都舍不得用，这天不小心掉到地上，被小谭捡到后就硬说是他的了。赛德听完后，气得牙痒痒，但又不敢违反班规跟小谭打一架。所以，除了安慰美智，也不知道该怎么办才好。

放学回到家，赛德将今天的“铅笔事件”告诉了爸爸，请爸爸支着儿，明天好帮助美智。宏义并没有直接告诉赛德解决“铅笔事件”的办法，而是给他讲了一个概念引导他来思考：“虽然你说的只是一支小小的铅笔，但这背后涉及一个重要的概念，那就是‘产权’。要弄清楚铅笔归谁，从法律上讲，就是要弄清铅笔的产权是谁的。”赛德迫不及待地问：“什么是产权呢？”

宏义接着说道：“我们住的房子是谁的？当然是我们自己的，更准确地说是爸爸和妈妈的，因为我们房子的不动产证上，登记的是爸爸和妈妈的名字。这意味着，爸爸和妈妈享有对这栋房子的所有权、支配权、使用权、收益权和处置权等权益。所以，我们可以住在这栋房子里，也可以将房子租给别人收取租金，还可以把房子卖给别人。”

“不过，虽然铅笔和房子在产权的道理上是一样的，但由于铅笔价值太低，人们不会给铅笔发一个‘产权证’。这时候，一般就用购买时的发票作为产权的证明。有时，为了区分外表相同的物件，人们会在自己的东西上做上特有的标记，如刻字之类，以表明自己的权利。”爸爸喝了口茶后，接着说道：“他人的东西，未经他人同意而擅自拿来使用，就是不尊重别人产权的‘侵权行为’。从性质上讲，还是一种‘违法’！至于‘谁捡到归谁’的说法，则主要针对无主或无产权归属的物品而言的，对明知属于他人的物品，而想据为己有的，法律上称为‘不当得利’，是应当返还的，否则就是违法。”

赛德听了爸爸的话，高兴得一蹦三尺高：“我知道怎么帮美智了！”

畅所欲言

1. 如果你是赛德，你能想出什么办法帮美智要回铅笔？

2. 在读了“谁捡到就归谁”这则小故事之后，你觉得在日常生活中，有什么好办法可以避免相同或相似物件的混淆及不必要的纷争？

3. 在生活中，有些财物属于“公有的”，有些属于“私有的”，你能分别举例说一说吗？

4. 有的同学常常未经他人同意就随便拿别人的东西使用，觉得用一下就还回去，没什么关系。你觉得这种做法对吗？为什么？

5. 产权的概念在经济学中十分重要，有位经济学家叫罗纳德·哈里·科斯（Ronald H. Coase），就因为这方面的贡献获得了1991年的诺贝尔经济学奖，同学们还可通过网络进一步了解并分享这方面的知识。

财商思考点

- 货币
- 交易
- 以物易物
- 法币
- 产权
- 不动产证
- 不当得利

第2课

时间魔法师

时间就像海绵里的水一样，只要你愿挤，总还是有的。

——鲁迅①

①鲁迅，原名周树人，浙江绍兴人。文学家、思想家、五四新文化运动的重要参与者，中国现代文学的奠基人。

身边的财商启示

最近，赛德感觉自己越来越忙，有时都忍不住地唱道：“时间像小马车，时间像小马车，哒哒哒哒哒哒，向前跑。你我同坐一辆车，你我同坐一辆车，哒哒哒哒哒哒，谁也少不了……”

赛德不仅平时在学校忙得团团转，周末在家也是忙得不可开交：完成学校老师布置的作业、上文化课补习班、上艺术兴趣班、运动、看课外书、看电影……有时，赛德真恨不得把自己分成两半，或是把一个小时掰成两个小时用。

赛德看着同样忙碌的爸爸，心里不禁疑惑起来：爸爸现在刚创立公司，千头万绪的事情很多，应酬无数，还要进修学习，关键是还能抽时间陪伴自己和妈妈。难道爸爸是时间魔法师，能把时间变多？那爸爸的时间是怎么变出来的呢？

财商故事会

时间管理的“魔法”

宏义平时工作很忙，但从不会因此忽略家人。相反，他总会挤出时间陪赛德打球，和家人聊天，寒暑假时还会带赛德和崇礼去旅游。他们去过好多地方，每去一个地方，赛德就会在客厅的那幅中国地图上插上一面小红旗。宏义跟赛德约定好了，等把小红旗插满整个地图后，就去国外旅行，到时候还要把小红旗插满整个世界地图。

宏义知道儿子平时学习认真努力，对此很是满意。现在，赛德在时间管理上对自己提出了更高的要求，做老爸的宏义心里自然是乐开了花，一个劲儿地把自己管理时间的“魔法”传授给赛德：

“现在爸爸的公司正处于初创阶段，每天都有许多事情要处理，如果没有计划，想到啥事儿就做啥事儿，到头来一定是一团乱麻。因此爸爸一般会按工作的‘轻重缓急’来决定先做什么后做什么——重要而紧急的事情一定要先做，没那么着急也没那么重要的事情就可以往后安排，有一定难度的事情我会放在清晨头脑最清醒的时候来做，这样效率最高。”

“哦，爸爸，我懂了！也就是说做事要分清主次，按计划有条理地去做。”宏义欣慰地点点头，说道：“好小子，很有悟性嘛！爸爸再给你举个例子，刚和你谈话前，我预料到你一定又会说个没完，因此我早把咖啡豆放进咖啡机里了，再等两分钟，香喷喷的咖啡就煮好了。如果等到跟你聊完天再去煮咖啡，煮一次咖啡的时间就被浪费啦！这叫‘时间统筹’。这个你还可以去搜索下数学家华罗庚统筹煮茶的故事。”

赛德懂事地去帮爸爸把煮好的咖啡端过来。宏义继续补充道：“当然，爸爸是公司创始人，不可能什么事情都管，因此我会把部分工作授权给其他的叔叔阿姨去处理。另外，我对一些毫无意义的打扰，学会了说‘不’。著名的华为[①]公司要求员工践行‘韵律原则’，具体的方法如对于无意义的打扰电话要学会礼貌地挂断，要多用打扰性不强的沟通方式（如 E-mail）。所以，你也要少闲聊，少玩那些重复性的游戏，多干正事儿。”

赛德想起今天是妈妈的生日，他准备照着菜谱为妈妈学做一顿美味的晚餐，于是决定按照爸爸教的方法试一试：先将鸡汤炖在炉子上，再把比萨放到烤箱里，利用烤比萨和炖鸡汤的时间，他洗好了蔬

①华为技术有限公司是一家生产销售通信设备的民营通信科技公司，是全球领先的信息与通信技术（ICT）解决方案供应商，专注于ICT领域。

菜水果，并制成了一盘色香味俱全的蔬菜水果沙拉……

赛德做好晚餐后发现妈妈还没下班回到家里。这时，赛德想起妈妈每天回家后都要做家务，他想为妈妈分担更多，便开始打扫并整理屋子。宏义看着乖巧的赛德有条不紊地做着家务，欣慰地说道："赛德呀，有好多事情是可以相互衔接、并行处理的，这样可以节约很多时间。你看，你刚做饭的时候已经学会变出更多时间的魔法了！"，赛德激动地跳了起来："哇，我学会魔法了，以后可以变出更多的时间了呢！"

畅所欲言

1. 人们常说："时间老人是公平的，给每个人的时间都一样多。"那我们该如何训练自己成为时间魔法师，让它变得"更多"呢？

2. 你听说过时间统筹吗？可以上网查一查，学习之后和老师、同学、家人一起探讨如何利用统筹学的思想来管理你的时间。

3. 你平常所做的事情中，哪些事是可以"并行"处理的呢？在进行时间安排时，你是如何将自己的计划变成"并行"的呢？

得过且过的寒号鸟

传说有一种动物，叫寒号鸟。

夏天的时候，寒号鸟全身长满了绚丽的羽毛，样子十分漂亮。寒号鸟觉得自己是天底下最美丽的鸟，连凤凰也比不过它，于是它整天摇晃着羽毛得意地唱着：“凤凰不如我！凤凰不如我！”

秋天到了，鸟儿们都各自忙碌起来，有的飞到南边过冬，有的留下来整天勤劳地积聚食物、修理窝巢……只有寒号鸟整日东游西荡的，什么正事也不干。小动物们纷纷劝它垒窝，可它根本不听劝告，还说：“天气这么好，得过且过！”于是，寒号鸟就这样一天天地混着，一直都没给自己造个窝。

冬天终于来了，天气寒冷极了。小动物们都躲进自己温暖的窝巢里。夜间，寒号鸟躲在石缝里，冻得浑身直哆嗦，它不停地叫着：“哆啰啰，哆啰啰，明天就垒窝！”可第二天，太阳一出来，它又觉得暖和了，继续唱：“太阳真暖和，谁还造什么窝？”

天气越来越冷。最后，寒号鸟活活冻死在岩石缝里了。

畅所欲言

1. 漂亮的寒号鸟最后为什么会被冻死？我们自己是不是也会有“明天一定要好好看书、复习”，可最后什么也没做的时候？为什么会这样？

2. “春种一粒粟，秋收万颗子”，为什么不是“秋种一粒粟，冬收万颗子”呢？这对我们有何启示？

3. 出租车师傅早晚高峰时不愿意在城里跑，因为堵车跑不动，时间不合算。你觉得，这个生活现象和我们学习隐含着什么相同的道理吗？

财商思考点

- 时间与生命
- 统筹计划
- 效率
- 时机
- 轻重缓急
- 并行处理
- 前后事项
- 华罗庚与“统筹煮茶”

第3课

友情与财富

君子不镜于水而镜于人。镜于水，见面之容；镜于人，则知吉与凶。

——墨子①

①墨子，名翟（dí），东周春秋末期战国初期宋国人。墨子是墨家学派的创始人，也是战国时期著名的思想家、教育家、科学家和军事家。

身边的财商启示

这天，赛德回家后，神神秘秘地从书包里掏出两颗糖分别塞到爸爸宏义和妈妈崇礼嘴里，让他们要先尝了再说话。宏义尝了尝说：“赛德，哪里来的榴梿糖呀？挺香的，好吃！”与此同时，崇礼却忍不住吐了出来：“好臭呀，什么东西？这么难吃！”赛德看完爸爸和妈妈的反应，笑出声来：“看来，这榴梿真是有人恨来有人爱！”

原来，美智一家去海南玩，带回了一袋榴梿糖和同学们分享。喜欢的同学说很好吃，不喜欢的同学说美智一家肯定是觉得太难吃了，没人吃才拿来给大家吃。赛德总觉得后一种说法不合理，因为毕竟也有喜欢吃榴梿糖的同学，所以特地带了几颗回来“做实验”。

赛德讲完榴梿糖的来龙去脉之后，宏义微笑问道：“那现在实验做完了，你是如何看待这件事的呢？”“我觉得，对同一种口味，有人喜欢，有人不喜欢，这不奇怪，但冤枉美智就不太好。毕竟这是美智专门从海南给大家带回来的礼物，是美智的一番心意呢！”赛德一脸认真、严肃地回答道。

宏义听完，对赛德竖起了大拇指：“不错！能明白别人的真心，善解人意，解人善意，爸爸相信我们小赛德一定能交到更多的好朋友。事实上，人活一生，真正能交到的好朋友是不多的。被称为‘民族魂’的鲁迅先生就曾说过‘人生得一知己足矣，斯世当以同怀视之’。可见，有个真正的朋友是多么不容易！”

赛德受到爸爸的鼓励、认可和表扬，心里很是高兴，不过也有了新的思考：朋友就是朋友，怎么还分是不是“真正”的呢？鲁迅先生的这句话又是什么意思呢？

财商故事会

让人头痛的“跑路费”

最近赛德班里出现了一种“怪”现象，同学之间借用、交换物品要花钱，甚至有时候请人帮忙，也要给钱才行。上周五中午，承信参加学校篮球队训练，没时间到张老师那里去领图书，他只好请好朋友小明帮忙。可小明却一本正经地说：“咱俩是哥们儿，帮你领书没问题。可中午学习时间多宝贵，你怎么也得给我点跑路费。”

不仅男生有这样的现象，女生也有。住宿生小梅每天都请美智帮她代买雪碧，后来美智觉得碳酸饮料喝了不健康，买了几次后便不愿意给小梅买了。小梅很生气，觉得美智不是自己的好朋友，连这么一点小忙也不愿意帮。但她又忍不住嘴馋，后来还说给美智跑路费让美智继续帮忙买。美智一方面觉得和小梅是好朋友，应该互相帮助，不应该收小梅的钱；另一方面，她不愿意给她买并不是怕麻烦，而是觉得碳酸饮料对小梅的健康不好，所以觉得自己不给小梅买是为了她好。为此，美智感到很苦恼，把这件事告诉赛德。

赛德听了后，结合最近班里出现的“怪”现象，想起一句老话：“有钱能使鬼推磨，无钱鬼也不开门。”却一时半会儿想不明白究竟该怎么给美智提建议，怎么来面对和处理现在班里出现的“怪”现象，准备回家后好好和爸爸妈妈讨论讨论。

畅所欲言

1. 你觉得美智该不该帮小梅买饮料，为什么？你有什么好建议给美智吗？

2. 你觉得小明帮承信领书要收费的行为对吗，为什么？

3. 你认为友情到底值多少钱？可以直接用金钱买到友谊吗？

人人都需要真朋友

赛德将心中的困惑告诉爸爸后，对那些要“跑路费”的同学表现了极大的不满。爸爸笑眯眯地说：“儿子，看来你很重视朋友，这让爸爸很欣慰。但友谊和财富，并不矛盾。它们不应像两只老虎一样势不两立，而是可以选择和平衡的。”

随后，父子俩就“跑路费”的话题展开讨论：美智不帮小梅买碳酸饮料，考虑的是小梅的健康。显而易见，碳酸饮料喝太多对身体健康不利，当然不该帮这个忙。不过咱们可以建议美智真诚地向小梅说明原因，并劝小梅别喝碳酸饮料，改为喝鲜榨果汁或者矿泉水。当然，如果反复、多次麻烦朋友时，适当地回报朋友也是可以接受和理解的，具体的回报方式，可以多样化、灵活处理，不排除用钱处理。

探讨完美智的困惑后，宏义接着问：“儿子，你觉得什么样的人才算朋友？”

赛德迫不及待地回答道：“当然是像承信一样讲义气、爱帮忙、大方、友善、诚信的人才算得上是朋友。”

宏义又笑着地问道：“如果哪天承信说了你的不是，那他还是你的朋友吗？”

“这不可能，我全身上下没有缺点！”赛德吐了吐舌头扮了个鬼脸。

宏义哈哈大笑起来：“儿子，你也太自信了。人无完人，别说咱们这些普通人，就是伟人也需要谦虚地听取别人的意见呢。”

畅所欲言

1. 你觉得怎样才能称为“真正的朋友”？

2. “良药苦口利于病，忠言逆耳利于行”，你会因为怕苦不吃药吗？会因为话不好听，而拒绝真正对自己有帮助的良言吗？为什么？

3. 有人说，好朋友之间不谈钱，谈钱伤感情。你觉得朋友之间需要谈钱吗？如果要谈，该怎么谈？

4. 小龙和小虎是“铁哥们儿”，有一次坐地铁，看到有两个老奶奶上车，小龙迅速站起来给其中一个奶奶让了座，小虎在忙着打手机游戏没注意到，小龙就当着众人呵斥小虎，说他不懂礼貌。小虎的脸一下全红了，立即站起来让了座，但从那以后再也不理小龙了。你觉得小虎为什么不理小龙了？你觉得小龙和小虎谁对谁错？对这两个小朋友的相处，你有没有更好的建议？

财商思考点

- 朋友
- 真朋友与假朋友
- 付费
- 自尊心
- 忠言
- 说话技巧

第4课

最重要的财富

一个人的身体，绝不是个人的，要把它看作是社会的宝贵财富。凡是有志为社会出力，为国家成大事的青年，一定要十分珍视自己的身体健康。——徐特立①

①徐特立，中国著名革命家和教育家。他是毛泽东和田汉等著名人士的老师，被尊为“延安五老”之一。

身边的财商启示

春节快到了，看着妈妈在餐桌前收拾、打包已采购回家的年货，赛德也走过去帮忙。在分类归置的时候，赛德翻看到一幅有三个老爷爷的画：一个手托婴儿，一个手持拐杖，一个手持如意，只觉这三个老爷爷既亲切慈祥又不同凡响，便忍不住问妈妈，这画的是什么人？

崇礼告诉赛德，那是“福禄寿三星图”。左边那抱着婴儿的老爷爷，是福星；中间那位玉带围、手拿玉如意的爷爷，叫禄星，传说他掌管人们财禄；而右边那位手持拐杖和仙桃的，是寿星，传说他主管寿命的长短呢！

“原来是这样！那把这个送给爷爷和外公，是希望他们福寿多多吗？”“真聪明！这正是爸爸和妈妈的想法，你同意吗？”“那当然好啦！”赛德说完，突然问道，“那这三个老爷爷是兄弟吗？感觉他们长得有点像呢！”

“从历史和传说来讲，算不上兄弟。不过，从老百姓的愿望来讲，他们之间关系可紧密着呢！听完下面这个故事，你就明白啦！”接着，崇礼给赛德讲了一个这样的故事：

一天傍晚，一个善良的妇女和她的丈夫干完农活回家时，发现三位陌生的老人坐在家门口。看着老人们又累又饿的样子，妇女便邀请他们进屋吃点东西，可他们却异口同声地说："我们不能一起进屋。"

"我的名字叫'长寿'，"其中一位白胡子、持拐杖的老人说道，随后又指着身旁的两位介绍道："这是我的大哥'长福'，这位是我的二哥叫'长禄'。现在你们来决定让谁进屋吧。"

妇女和丈夫进屋里商量后，决定先邀请这位"长寿"的老人进屋。

神奇的事情发生了，当"长寿"起身向屋内走去时，"长富"和"长禄"两位也站起身来往屋里走。"刚才您不是说你们三位中只能有一位接受我们的邀请吗？"

另外两位老者笑呵呵地说："三弟走到什么地方，我们就会陪伴他到什么地方。如果你没请他进来，我们两个无论谁进来，很快就会死掉的。所以，我们无论在哪里都会和他在一起！"

亲爱的孩子们，在听完赛德妈妈讲的这个故事之后，你和赛德一样，明白"福禄寿"三星之间的关系了吗？

财商故事会

未能上台的会演

临近元旦节了，学校要举行年末喜迎新年文艺会演，班主任老师选了美智来担任舞蹈“百灵鸟与春天”的领舞。

接到这个光荣的任务，美智开心极了！每天非常投入地练习。

妈妈：美智，快来吃饭啦！菜都快凉了！

美智：等会儿，我在练这个舞蹈动作呢，这会儿不饿！

妈妈：丫头，再不吃饭，妈妈要生气了！

美智：我们老师说了，人生应该有更高的追求。我又不是“饭桶”，再练一会儿……

妈妈：美智，我的乖女儿，快睡觉了！

美智：好的，妈妈。我是有些累了，不过需要再练一下“百灵鸟起舞”这段。

由于太过投入地排练，废寝忘食的美智最后病倒了。

由于缺少了美智这个领舞，新年文艺会演中“百灵鸟与春天”这个节目也被取消了。虽然大家没有责怪她，但看着同伴们失落但又宽容的眼神，美智心里难受极了，只能自己偷偷抹眼泪。

畅所欲言

1. 美智那么认真地练习，为什么却没能参加最后的学校会演？

2. 美智觉得自己好委曲，那么辛苦排练，却反而耽误了全班的表演；虽然同学们没责怪她，她自己却更加难过。这个时候她该怎么做才更好呢？

3. 许多人总说自己太忙了而疏于锻炼身体，忽视自己和家人的身体健康。你认为“忙”是真正的理由吗？为什么？

4. 你有喜欢的运动项目吗？请向你的好朋友简单介绍你所喜欢的运动的三个特征，并邀请他/她一起运动。

红色发卡

美美是个文静、美丽的姑娘，可她却总觉得自己长得不够漂亮，因此常常低着头。

有一天，美美到饰物店去买丝带，她看见玻璃展柜里有一个特别漂亮的红色发卡，它就像一道迷人的彩虹挂在天空，又像在阳光下跳跃的一串音符，美丽极了。美美便买了这个漂亮的发卡，店主也不断赞美她戴上发卡很漂亮。

美美虽然嘴里不好意思承认，可心中还是美滋滋的。她不由自主地抬起了头，整个小脸蛋都有了光彩。美美急匆匆地离开饰物店，想早点让同学们看看自己的新发卡。谁料出门时，与刚进店的一个高个子叔叔撞了一下，她完全没在意，还沉浸在快乐之中。

美美走进教室，得到了许多人的赞美。她想一定是红色发卡的功劳，戴上漂亮的发卡，人也变漂亮了！这一天，她都神采飞扬、格外开心。晚上，美美睡觉前往镜子前一照，头上除了头发什么也没有。美美才恍然大悟：发卡一定是在离开饰物店时与那个高个子叔叔相撞后丢了，而同学们并不是因为发卡才夸她。

畅所欲言

1. 你觉得美美当天回教室得到了许多平时没得到的赞美，是为什么呢？
2. 美美出门时被撞飞了的红色发卡，和她从店主的赞赏中得到的“红色发卡”相比，有什么不一样？
3. 我们平时能不能多学习那个店主，真诚地赞赏他人，多给他人一些漂亮的“红色发卡”呢？
4. 你觉得，我们应该如何对待别人对我们的评价呢？这与我们的健康有什么关系吗？

财商思考点

- 财富
- 成功
- 健康
- 身体健康
- 锻炼
- 心理健康
- 自信
- 赞美

第二单元

财富的源泉

第5课

财富源泉——“劳动”

谁知盘中餐，粒粒皆辛苦！

——李绅①

①李绅，字公垂，唐朝宰相、诗人。李绅与元稹、白居易交游甚密，为新乐府运动的参与者。著有《乐府新题》二十首。

身边的财商启示

周五晚上，赛德觉得米饭特别香，菜没吃多少，米饭却已经吃了两碗半，于是忍不住问妈妈：“今晚的米饭怎么这么好吃？”“因为今天家里换了一种更好的大米呀！”崇礼回答道。

宏义便顺着他们的话问赛德：“你知道米饭是从哪里来的吗？”赛德不假思索地回答：“当然是妈妈从超市里买米做的呀。”宏义笑了笑继续问道：“那么超市里的大米又是从哪儿来的呢？”

看着赛德一脸茫然的样子，宏义轻轻拍了拍儿子的小脑袋说道：“超市里的大米是从稻谷加工企业那里来的。而稻谷则是由农民伯伯经过100多天的精心呵护种出来的，中间需要除草、施肥、除虫等一系列耗费人力、物力的艰辛劳作；稻谷成熟后还要收割、晾晒，再经过专门的机器加工才能成为大米，而成为大米后还要经过检验、包装、运输，最后才能成为你在超市里看到的大米。”

听到这里，赛德不禁感叹道；“原来米饭来得这么不容易！”却只见宏义摇摇脑袋说道；“还远远不止这些！你所吃的米饭还是用爸爸妈妈辛苦工作挣的钱到超市买来的，买回来后还需要用水和电这些资源加上妈妈的烹饪，最后才能变成你每天吃到的香喷喷的米饭。所以我们吃到的米饭来得真的很不容易，每一粒都是经过一系列复杂又辛勤劳作，并且用我们自己劳动的成果换来的。”

听到这里赛德终于知道米饭是怎么来的了，而且也知道了我们日常生活中看似简单的每一样东西都是来之不易的。

最后，宏义建议赛德：去网上查一查“中国杂交稻之父”—— 袁隆平爷爷的事迹，了解下他如何解决了几亿人的吃饭问题。

读了这则小故事，小朋友，你了解米饭究竟是怎么来的了吗？爸爸妈妈没种水稻，为什么也能吃上米饭呢？水稻的丰收，除了农民伯伯的辛劳，还需要些什么呢？

财商故事会

一条线价值1万美元？

20世纪初，正处于高速发展阶段的美国福特公司[①]，接到了来自世界各地大量的订单，整个生产车间一片繁忙。就在这个关键时刻，厂房里一台重要的电机出了毛病，导致整个车间无法运转，生产工作也被迫停了下来。公司调来大批检修工人反复检修，又请了许多专家来察看，可怎么也找不到问题，更谈不上维修了。

眼看无法按期交货，福特公司的高层十分生气，却又无可奈何。这时有人提议去请著名的物理学家、电机专家施泰因梅茨[②]来看看。施泰因梅茨仔细检查后，用粉笔在电机外壳上画了一条线，对工作人员说："打开电机，把记号处里面的线圈减少16匝，就可以了。"

看着那条线，大家虽然心里狐疑着，但也只好照办。令人惊异的是，照着施泰因梅茨的指示处理之后，故障竟然真的排除了！生产也立刻恢复了！

---

①福特公司是美国最大的工业垄断组织和世界重要的跨国企业之一，总部设在密歇根州迪尔伯恩市。公司主要产品有汽车和汽车零件、拖拉机、电视机、电子通信系统等。

②施泰因梅茨，德裔美籍电机工程师和发明家，主要从事发电、输电、配电、电照明、电机、电化学电机领域的研究，美国艺术与科学学院院士，拥有近200项专利。

最后，福特公司经理问施泰因梅茨要多少酬金，施泰因梅茨回答道："不多，只需要1万美元。"

1万美元？就只简简单单画了一条线！

当时福特公司最著名的薪酬口号是"日薪5美元"，这在当时已是很高的工资待遇了，以至于全美国许许多多经验丰富的技术工人和优秀的工程师为了这每天5美元的工资从各地蜂拥而至。

一条线，1万美元，这相当于当时一个普通职员8年收入的总和！

施泰因梅茨看着大家诧异、迷惑、不解的样子，转身开了个清单：画一条线，1美元；知道在哪儿画线，9 999美元。福特公司的老板福特先生得知后，对施泰因梅茨十分欣赏，先是痛快地给了1万美元的酬金，然后又亲自邀请他加盟福特公司。

畅所欲言

1. 如何理解“画一条线，1美元；知道在哪儿画线，9 999美元”这句话？画线的劳动，与知道在哪画线的劳动，有什么区别呢？

2. 关于福特公司如何邀请施泰因梅茨加盟，还有更精彩的内容，请分小组学习并讨论，分享从中得到的启发和体会。

拧螺丝的机器人

《摩登时代》是喜剧大师卓别林[①]导演并主演的一部经典喜剧电影。影片的故事发生在 20 世纪 30 年代的美国，当时美国处于经济大萧条的高峰期，社会中的每一个人都在自己的生活中苦苦挣扎。

为了获得基本生存所需的物质基础，一线的工人不得不忍受日益繁杂、超负荷的工作；工厂为了节约成本，也想方设法运用流水线等自动化技术来提高生产效率。卓别林饰演的查理，就是工厂生产流水线上拧六角螺帽的工人，他每天从早到晚都在快速运行的生产流水线上拧呀拧，以致最后在他的眼睛里唯一能看到的东西就是一个个转瞬即过的六角形螺帽。

于是查理生活中一切六角形的东西都遭了殃，因为只要看见六角形的东西，查理就会条件反射地去拧。例如，大街上一位裙子上带有六角形纽扣的女人就惨遭了查理的毒手。后来，工厂老板为了提高工人的工作效率，还引进了全新的吃饭喂食机来缩短工人吃饭的时间，以便省下时间用于工作。

在影片中，我们可以看见工人打卡上工，老板通过影像监督工人做工，不停运转的机器，在机器边不停重复做扭拧动作的工人，甚至还有那个奇怪的自动喂食机……这些都为我们生动地展现了那个时代追求效率的工作场景。我们同时也看到了：技术进步，一方面提高了生产效率，另一方面技术也替代了工人甚至把活生生的人，变成了流水线上的“机器人”。

---

①查理·卓别林（Charlie Chaplin），英国著名的影视演员、导演、编剧。其代表作有《城市之光》《摩登时代》《大独裁者》《舞台生涯》《香港女伯爵》等。

畅所欲言

1. 在生产过程中，每个人只负责一部分的生产环节的生产方式叫什么？这种生产方式有什么优点和缺点？在应用中应如何兴利除弊？

2. 你怎么看待“拧螺丝的机器人”现象？这一现象，对我们安排自己的学习和生活有什么启发？

3. 除了当年流行的泰勒的“科学管理”，我们还需要什么样的管理？

财商思考点

- 创造性劳动
- 重复性劳动
- 管理制度
- 科学管理
- 人本管理
- 社会分工
- 生产效率

第6课

职业万花筒

知之者不如好之者，好之者不如乐之者。

——孔子[①]

①孔子，子姓，孔氏，名丘，字仲尼，春秋末期鲁国陬邑（今山东曲阜）人，儒家学派创始人，是中国古代思想家、教育家。

身边的财商启示

爆竹声声辞旧岁，又是一年团聚时。过年了，今年赛德一家来到外公家团年。

午饭后，大家便坐一起开始喝茶聊天。赛德妈妈先和大姨聊起来，问起大姨家儿子明志在医院工作的情况。大姨回答道：“听他说还行吧，就是太忙。特别是节假期间，病人暴增，基本没有休息时间，偶尔半夜还被单位电话叫醒出急诊。”这时舅舅接话了，说道：“医生嘛，救死扶伤，既然选择了这个职业就要有这方面的觉悟。”

接着崇礼继续问道：“既然这么忙，那明志收入应该还可以吧！”大姨笑了笑回答道：“工资每个月 4 000 ～ 5 000 元吧，加上加班津贴和奖金平均到每月收入 8 000 元左右，维持他自己的生活倒也没多大问题。还是他舅家美玲好，工作轻松，收入又高。”

听到这，舅舅也打开了话匣子：“工作轻松倒还真不是，现在律师行业要求很高，她每天都要看很多的文献和资料，还要学习各种法律知识，了解地方法规的差异等。国家每次有新的法律出台，美玲都要认真研究。为了帮人打赢一场官司，美玲经常通宵整理文件。至于收入方面嘛，基本工资不算高，主要还是和业绩挂钩，年收入在 20 万元左右，虽然收入还不错，但是工作没有明志那么稳定。对了，她小姨家孩子明辉今年也参加工作了，现在怎么样了？”

小姨便把话接过来介绍起明辉的工作近况：明辉刚进入一家设计公司做设计，因为是应届毕业生，缺乏工作经验，工资不算高，每个月只有 3 500 元，不过工作时间稳定，朝九晚五，每周末休息一天。现在每天的工作主要是做一些设计图纸的收尾工作，主体设计方面公司还没有让他参与，属于学习期间。但明辉自己还是很努力，经常利用在家的休息时间学习这方面的专业知识。

这时，外公插话总结道："才没几年，孩子们都长大了、工作了，我也就越来越老了！其实，无论孩子们做什么，只要好好做，行行都能出状元！"

大家都说外公还年轻着呢，只要外公把身体保养好，就是全家人的福气……

财商故事会

厉害的牙科医生

元宵节，赛德家中来客人了，好不热闹。赛德和表哥咏仁看见桌上摆满了花花绿绿的糖果，光奶糖，就有酸枣味、草莓味、杧果味……品种真是繁多。两人的嘴笑得都快合不拢了。咏仁选了自己最喜欢的杧果奶糖，慢慢地品味咀嚼着，吃完一颗就不再吃了。而一旁的赛德抓起一大把最喜欢吃的酸枣奶糖，不停地往嘴里送，早忘记自己有一颗蛀牙的事儿了。不一会儿，一小盒糖就被他吃了个精光。晚上，赛德的牙忽然疼了起来，而且越疼越厉害，终于忍不住哇哇大哭了起来，害得一家人都没睡好。

早上，赛德的嘴巴肿得大大的，眼睛哭得红红的，甭提有多难看。崇礼和宏义赶紧带他去牙科医生的诊所检查，牙科医生仔细看了看赛德的牙齿，又扶了扶眼镜，对赛德说："你最喜欢吃什么？"赛德红着脸吞吞吐吐地说："我……我最喜欢吃……吃酸枣奶糖了……哎哟！疼死我了！""这就对了，你本来就有颗蛀牙，就应该少吃糖。"听了医生说的话，赛德羞愧地低下了头。

接着，牙科医生一边治疗一边语重心长地说："以后一定要少吃糖，每天至少要刷两次牙，从小就要养成好习惯。记住了吗？""记住了，哎哟！……又疼了！”赛德忍不住又喊了起来。牙科医生摇摇头，一边对赛德说要拔掉蛀牙，一边让宏义爸爸去缴费。赛德趁机偷瞄了一眼，200 元。

拔完牙回到家，赛德纳闷了，拔一颗牙怎么那么贵。宏义告诉他，现在拔的只是乳牙，以后长了恒牙可就不能随便拔了，因为拔了就不再长了。拔乳牙算很便宜的了，牙齿根管治疗、烤瓷牙都要好几千元，如果是种植牙，一颗牙的花费甚至能达到上万元。赛德被爸爸的话吓着了，没想到一颗小小的牙那么贵，干脆自己以后也去当牙医得了，那么能挣钱。

宏义看出了赛德的心思，告诉他：“你以为人人都可以成为牙科医生吗？首先你要能考进好的医科大学的口腔专业。口腔专业分数很高的，像 2019 年华西口腔专业在四川最低的录取分数为 696 分。考上大学后，除了学大量的医学理论知识，还有很多的实习和操作训练。因为每个人、每颗牙都不一样，不能标准化生产，都需要专门定制，所以就特别贵。此外，治疗牙齿需要用到很多不同的材料，有些材料需要进口，就会更贵，一颗牙的材料费就可能数百元甚至数千元。此外，口腔科的专业设备也是笔不小的投入呢。”

畅所欲言

1. 你觉得牙科医生收费贵不贵？为什么？

2. 收集律师、建筑设计师这两类职业所要求具备的技能有哪些，和同学们一起讨论牙科医生与律师、建筑设计师这三类职业的技能要求有何不同。

长大后我也要像你一样

今天的音乐课上，老师教大家唱了一首非常好听的歌曲《长大后我就成了你》。

在这首歌前，老师问了同学们长大想做什么。

小强第一个站起来说："我要当足球明星，我要让中国足球强大起来！"

小华坚定地说："我要当一名医生，救死扶伤。"

小明站起来说："我要当一名巡逻警察，每天昼夜为大家服务，保障大家的安全。"

美智站起来说："我想当一名老师，像我妈妈一样，桃李满天下。"

在大家踌躇满志地说出自己的理想职业后，赛德站起来说他想做牙医，理由却与同样想做医生的小华不一样：“做牙医，除了能解除病人的痛苦，还能挣很多钱！”

大家听完赛德的回答后哈哈大笑，说赛德钻进“钱眼儿”里了。

回家后，美智饱含深情地唱给妈妈听，得到了妈妈的表扬，美智非常开心。

回到自己的卧室后，美智在书桌上郑重地写下了一句话：我长大以后一定要成为一名受学生尊敬的老师。

畅所欲言

1. 本则故事中提到了哪些职业？你还知道哪些职业？你知道这些职业都是从事什么工作吗？

2. 你了解故事中提到的这些不同的工作在时间、技能和收入等方面的差异吗？你将来最想从事什么职业，为什么？

3. 你觉得赛德钻进“钱眼儿”里了吗，为什么？

财商知识点

- 职业
- 创造价值
- 技能差异
- 时间差异
- 收入差异
- 行业
- 行行出状元

第7课

做自己的“状元”

有勇气做真正的自己，单独屹立，不要想做别人。

—— 林语堂[①]

①林语堂，中国现代著名作家、学者、翻译家、语言学家，新道家代表人物。作品包括小说《京华烟云》《啼笑皆非》；散文和杂文文集《人生的盛宴》《生活的艺术》等。

身边的财商启示

最近，赛德跟着爸爸宏义总能听到、看到关于“芯片战”的资讯。在向爸爸进一步请教后，赛德才明白，原来，芯片的本质就是大规模集成电路。在一定程度上，芯片是智能设备的核心和关键。目前，中国在高端芯片的设计和制造环节，还比较薄弱。

听完爸爸的介绍后，赛德说：“我不准备做牙医了，我要改学芯片设计和制造！”

“好呀，有志气！要是你真能解决我国高端芯片问题，那可真是了不起呢！”

可在听完爸爸不假思索的鼓励之后，赛德有些不满地说道：“爸爸，我怎么突然觉得你说话有点不负责任呢？之前，我说要做牙医，你也说‘好呀’，今天我说要学芯片，你又说‘好呀’，究竟哪个才是真的‘好’呢？”

看着赛德认真的模样，宏义微笑说道：“爸爸可不是不负责，正好相反，爸爸是尊重你自己的想法才会这样讲。你目前还小，一切皆有可能！但这有个前提，那就是要敢想、敢做，对自己的选择承担责任！”

“以爸爸的观察，只要你努力学习，无论是做牙医还是设计芯片，都有可能做得很好。至于具体是做牙医，还是学设计芯片，则要你遵从内心的喜好，根据自己的能力水平、社会的需要和自己承担的责任来最终选定适合自己走的路。”

“‘七十二行，行行出状元’，世上没有绝对‘好’或绝对‘不好’的行业和专业，适合自己的，才是最好的。所以，对于未来的方向，爸爸希望你不要和其他人争什么‘状元’，而是要做自己的‘状元’！”

最后，宏义补充说道：“如果盲目模仿或照抄别人的做法，这山总看那山高，不能专注和深入，就极可能像‘邯郸学步’故事里的年轻人一样，不仅没有学到邯郸人走路的姿势，还把自己原来走路的姿势也忘记了，最后只好爬着回去。”

财商故事会

从环卫工人到发明家

在东营市市容环境卫生处，有一间“张金海创新工作室”。它的主人张金海是一名普通的环卫工人，同时也是手握16项国家专利的发明家。在山东，张金海是唯一有“创新工作室”的环卫工人。

1993年，张金海从部队退伍成为一名普通环卫工人，扫大街、掏化粪池，各种脏乱臭的环卫活儿，他一项都没落下。别人扫大街想的是怎么把街面清扫干净，而他满脑子想的却是：如何调节扫帚的角度？如何清扫最防尘？一把大扫帚在他手中都能拆了装、装了拆无数遍，直至达到最省力、最好用的效果。因此张金海即使对最为普通的环卫工作，也倾注了自己百分之一百的用心和认真。

在日常工作中不断钻研思考的张金海于2003年发明了分体式红外感应便池冲洗器，将电磁阀与感应器分开，放到一个固定的管理室里，解决了电磁阀不易安装、维修，容易发生腐蚀、冻裂的问题，还实现了75%的高节水率，东营市东城区30个公厕都实行了这种改造。

2008年开始，张金海有了一块新“阵地”——生活垃圾处理场，可即使与一堆垃圾做伴，张金海也没忘了搞小发明。针对处理垃圾渗滤液的原水罐在冬季经常因为低温不能正常工作的问题，他在垃圾渗滤液的原水罐中加入提升水温的热交换系统，现在东营市垃圾场原水罐中的进水温度可以常年保持在 15℃以上，这套设备也成了当时江北唯一一台全年不间断运行的垃圾渗滤液处理设备。

每当有人问他是怎么想到这些发明的，张金海总憨厚地说道：“说实话，我的发明并不高深，都是实用性的，每一个留心的人都能做到。现在就觉得自己文化知识有限，等工作不忙了，真想多充充电。”

畅所欲言

1. 你觉得张金海厉害吗？为什么？

2. 为什么一个环卫工人能够成为“发明家”？从环卫工人到发明家的距离是什么？

3. 张金海对自己工作的态度怎样？对你的启发是什么？

4. 你想过做点什么发明创造吗？只是想想，还是去实践过呢？不顺利时该怎么办？

一代武学宗师

说到一代武学宗师，就不能不提到霍元甲，可能小朋友们对他感到很陌生，今天我们就来聊一聊他。

霍元甲，迷踪拳的第六代传人。霍元甲在家里排行第四，幼年体质羸弱，不具备习武的潜质，于是他父亲禁止其习武，只准其习文。可是倔强的霍元甲却认为自己能够练好霍家拳，于是踏上了偷学、偷练自家武艺——迷踪拳的历程。他每天除了习文，一大早就偷看家人练武，偷师兼苦练，加上自身的天资甚高，随着岁月流逝，霍元甲的文化和武功都进步很快。

没有不透风的墙，霍元甲偷偷习武的事还是让父亲知道了，父亲狠狠地训斥了他一番，并再次下令不让其习武。但霍元甲并没有因此而停止对武术的追求，他只是答应父亲自己绝不与任何人较量，绝不给霍家丢人。

后来，“地躺鹰爪功”高手——赵龙公开挑战霍家的武林地位，悍然打上门来，霍家子弟与其交手，竟然纷纷不敌。为霍家而战的霍元甲出战，不仅在拳脚上赢了赵龙，难能可贵的是，他以德服人，其诚心让赵龙深受感动、心悦诚服，两人因此还成了好朋友。

经此一战，霍家上下对霍元甲另眼相看，父亲霍恩第决定，让霍元甲正式成为“霍家拳”的传人 。

此后，在与外国人的武学争斗中，霍元甲深感国人身体孱弱，备受外强欺辱，于是决心创办“精武体育会”，让国人学武自强，真正实现“以武强国”！由此，霍元甲成为一代武学宗师，从他创立“精武体育会”起，“精武”二字所倡导的“自强不息”精神，以及往后精武门中的仁人志士的传奇事迹，被国人津津乐道，成为永留青史的一段佳话。

畅所欲言

1. 霍元甲如果当时只是“乖乖”地听话，只学文而不习武，你觉得结果会有什么不同呢？对此，你有何感想？

2. 你觉得霍元甲身上具备了哪些“特别的潜质”，让他最终成为一代武学宗师？

3. 你知道武学宗师和普通武士有什么不同吗？

4. 你觉得你和周围的同学相比，有哪些“特别的潜质”，周围的同学身上又都有哪些自己不具备的潜质呢？

5. 你觉得基于自己的“特别的潜质”，如何才能成为某个领域的“状元”？

财商思考点

- 职业理想
- 职业好坏
- 潜质
- 高级技能工程师
- 专家
- 特长
- 爱好

第8课

职业资格与职业操守

捧着一颗心来，不带半棵草去。

——陶行知①

---

①陶行知，安徽省歙县人，中国著名的教育家、思想家。

身边的财商启示

自从经历了上次的蛀牙之痛后，赛德现在定期会去诊所做口腔检查。这个周末的早上，宏义又带着赛德来到了之前预约好的牙科诊所做检查。这次没有了上次剧烈的蛀牙疼痛，赛德到诊所后仔细参观了起来。只见诊所内医疗器械琳琅满目，赛德心想，这应该就是之前爸爸说的检查口腔和牙齿的专业器材，只有受过这方面专业训练的医生或护士才能使用这些器材为病人检查口腔和治疗口腔疾病。

看着那些精密的仪器，赛德突然对宏义说道：“爸爸，我现在真的想以后做牙医，可以给小朋友治疗口腔疾病，减少他们的疼痛，而且挣的钱也多，可以给你和妈妈买很多礼物。”宏义听完笑着说：“好呀，只要你认真学习，将来长大后考入医科大学的口腔专业，拿到国家颁发的口腔治疗的执业资格证书，就可以自己开一家口腔类诊所或者去医院口腔科当医生了。”

“啊，还要考取证书呀，什么证书呀？”赛德惊讶地问道。宏义指着诊所墙上挂着的一排证书说道：“你看到了吗？这些都是开设口腔诊所需要的证书和各类证件。”赛德好奇地看着各类证件，不由自主地念道：“营业执照、卫生许可证、执业资格证、卫生技术资格证、临床医学医师证……哇，需要这么多呀！”

给赛德检查牙齿的医生进来后正好听到了赛德和宏义的对话，于是补充说道：“对呀，国家现在对各种专业和特种机构要求都很严格，比如你看到的‘执业资格证’首先必须有执业医师证，然后去卫生行政部门申请，须经注册后在医疗、预防、保健机构中执业满 5 年，并按照国家有关规定办理审批手续才可能得到，而且未经批准，不得行医。”

“还有你看到的这些护士阿姨，她们都是有护士相关专业的证书，不然也不允许她们从事护理工作。好了，现在该给你检查牙齿了，你害怕吗？”医生亲切地问道。赛德回答道：“我不害怕，因为你们都是专业的，我相信你们！”

财商故事会

证书千千万

赛德去医院做口腔检查，被医院牙科医生的执业证书给吸引了，回家后立马上网搜索了不同职业的执业证书，并惊奇地发现原来有些执业证书不仅考取非常困难，而且即使取得了执业资格证书也并不意味着可以马上执业，还需要进一步考取相应的执业证书才能从业，也就是说执业资格证只是你能从事这项工作的“入场券”。那是不是所有领域都需要取得执业资格呢？

赛德惊奇地发现，国家人力资源和社会保障部[①]印发的《人力资源和社会保障部关于公布国家职业资格目录的通知》公布了 140 项国家职业资格目录。这些职业资格基本涵盖了经济、教育、卫生、司法、环保、建设、交通等国家重要的行业领域，符合国家职业资格设置的条件和要求。

赛德选取了自己比较熟悉的几个职业看了看。

---

①中华人民共和国人力资源和社会保障部是统筹机关企事业单位人员管理和统筹城乡就业和社会保障政策的中国国家权力机构。

教师　《中华人民共和国教育法》和《中华人民共和国教师法》明确规定，凡在各级各类学校和其他教育机构中从事教育教学工作的教师，必须具备相应教师资格，没有相应教师资格的人员不能被聘为教师。教师资格法定凭证为《教师资格认定申请表》和教师资格证书，在全国范围内适用。

医生　通过执业医师考试，即可取得执业医师资格证。它是证明持证人具有独立从事医疗活动的技术和能力，证书永久有效。取得医师资格证，再携带医师资格证到自己工作医院所在地的卫生局注册取得医师执业证书。医师执业证由当地卫生局颁发，表示允许你在某个医疗机构行医，并规定了你的行医范围（诊疗科目），这是一个行政方面的认可。如果你违法违规，卫生局可以吊销你的执业证。如果换了医疗机构行医，还必须变更执业证。只有两个证都拿到，才有资格行医。

司机　对机动车驾驶人而言：一般驾驶证由公安机关交通管理部门核发，从业资格证由交通局运管处核发。驾驶证是您有驾驶车辆的资格，从业资格证是您有从事这项工作的资格。作为司机这两个证都必须具备。

赛德恍然大悟：原来不同的行业有不同的执业要求，需要考取的执业证书也不一样啊。

畅所欲言

1. 职业和执业的区别是什么？有了医师资格证，就一定能获得医生执业证吗？

2. 你认为考取执业证书有必要吗？去小区旁边的小诊所看病时，你觉得有必要注意医生的资格证书吗？

3. 你知道如果无证行医、无证驾驶、无证经营有什么危害，会受到怎样的处罚吗？

职业操守不可违

今天晚上吃饭的气氛有点低沉，赛德看到妈妈的脸色不好看，也不敢在饭桌上说话，埋头闷闷地吃饭。饭后，妈妈在厨房洗碗，爸爸忙着收拾。

“哎，你说这姑娘年纪轻轻的，怎么会做这样的事呢，好好的一个小姑娘，她的前途不就被毁了吗？”崇礼惋惜地感叹出这句话。刚好被经过厨房的赛德听到，终于知道了妈妈晚上心情不好的原因。

原来是妈妈单位的一位会计做假账被判了 3 年刑。这名会计还是个年轻的小姑娘，才毕业出来工作没几年。据说她是被动地受领导的指使做的假账，不知道会造成如此严重后果。案发当场小姑娘就吓哭了……

赛德没再听妈妈和爸爸的对话，立马回到自己的房间，上网搜索。原来根据《中华人民共和国会计法》，会计人员被动地受单位领导指使弄虚作假，没有造成严重后果，且本人认罪态度较好，有悔改行为的，会被吊销会计执业资格，而情节严重的，由县级以上人民政府财政部门吊销会计从业资格证书，5 年内不得重新取得会计从业资格证书，还会被判刑。

看到这些规定，赛德目瞪口呆。没想到好不容易才取得的执业证书，这样就可能丢了，并且还可能要坐牢。不禁感叹道：还是学生好，原来长大后工作这么不容易呢。

畅所欲言

1. 文中的会计受单位领导指使而犯罪被判刑。你是不是觉得她很冤枉？为什么？

2. 面对“权威”人士的错误要求有悖于职业操守和法律时，我们该怎么做？

3. 你知道长大后你想从事的职业需要遵循什么样的职业操守吗？（举例说明，如教师、医生、警察……）

财商思考点

- 职业资格
- 执业
- 执业证书
- 职业操守
- 法律责任
- 直接责任
- 犯罪
- 吊销

第三单元

财富的使用

第9课

有用、无用与会用

夫尺有所短，寸有所长，物有所不足。智有所不明，数有所不逮，神有所不通。——屈原①

①屈原，战国时期楚国诗人、政治家。

身边的财商启示

赛德最近读了《世界上没有完全相同的两片树叶》的故事后觉得非常新鲜，又有些怀疑，于是宏义便带着赛德来到户外让他自己去验证和探索。

不一会儿赛德就发现了好多事物的差异性，如花草、房屋、小鸟等。“真棒！”宏义夸奖道，“这些不同类型的事物，差异十分明显，很容易区分；你再仔细看看那些平时觉得没差异的东西，例如，两片看上去十分相似的树叶？”于是赛德摘了好些香樟树和银杏树的叶子认真比较起来，比了好半天后说道：“确实不完全一样呢！不过，这是在大自然中的差异，那工厂生产出来的标准化产品，总是一样吧？”

“那也不一定！”爸爸宏义说道，“例如，超市里看上去完全相同的两瓶矿泉水，一瓶摆放在显眼的位置，一瓶摆放在不起眼的角落里，你觉得哪一瓶更容易卖出去呢？” 听到这，赛德回想起和妈妈一起逛超市的场景：确实在饮料区，不同的饮料会摆放在不同的位置。如果只是矿泉水的话，一般自己都是顺手拿最容易拿到的那一瓶。宏义接着说道：“相信这个问题难不住你。再比如，同样是火锅，有的同学特别能吃辣，有的同学完全不能吃辣。超辣型的火锅对不吃辣的

同学来说毫无价值，但对于爱吃辣的同学而言却很有价值。所以，人与物的价值，是相对的，不会完全相同。我们的世界，正是因为有差异，才五彩缤纷。我们要学会尊重和利用这种差异，物尽其用，不能毫无道理地强求‘同一’和‘一致’。”

财商故事会

做最好的自己

赛德班上有一名矮个子男生，名叫高伟，是个开朗、热情的小男孩。可是近段时间，高伟每天都愁眉苦脸的。了解情况之后才知道，最近有不少同学背地里嘲笑他太矮，甚至还给他取了一些难听的外号，这让他苦恼不已。

为此，班主任张老师把作为班干部的赛德、美智、承信等 8 位同学找来开了一个小会。会上，张老师先让班干部们说了对高伟同学这件事的看法，班干部们都默默地低下了头——因为虽然他们没有嘲笑高伟同学，但是却没有阻止其他同学的不当行为。

这时作为班长的美智先站起来说："老师，我们知道错了。其实高伟同学除了个子矮一点，其他方面的优点很多。他学习成绩好，对人热心、性格开朗，平时很爱帮助大家，这些都是他的优点，值得我们学习。"承信立马接着说："是的。我们得想个办法让高伟同学重新笑起来。"赛德想了想说："这不是才学习了《晏子使楚》吗？我们排演课本剧吧。晏子虽然个子很矮，但是他却很有骨气！面对楚王的刁难和嘲讽，他没有胆怯、懦弱，反而很自信，用智慧反击了楚王，维护了自己和国家的尊严。我看高伟演这个角色最合适。"老师一听，微微地点点头笑了。

课上老师一宣布要排演课本剧《晏子使楚》大家都兴奋起来，可是问题来了，主角晏子谁来扮演呢？当老师让大家商量之后选择适合自己的角色时，大家除了选自己的角色之外都不约而同地选高伟作为男主角饰演聪明睿智有骨气的晏子。高伟没想到大家会选他，这时美智拉住高伟的手说：“高伟同学，我们为之前的行为向你道歉，我们不应该嘲笑你！”

老师欣慰地说：“同学们，一个人的价值，不在于其高矮，而是要看贡献和思想。正如晏子一样，他虽然个子不高，但他的勇气、智慧和担当，使他成了被传颂千年的英雄。同学们要学会换位思考，多站在别人的角度想想，这样，大家才能相处愉快，共同进步和成长。”

后来的演出非常成功，尤其是高伟同学的表演，把晏子的精、气、神都传达得十分到位，在同学们的掌声和喝彩声中，高伟同学再次露出灿烂的笑容。

畅所欲言

1. 赛德他们想的这个办法好吗？如果是你，你还有其他更好的办法来帮助高伟树立信心吗？

2. 为什么说“人不可貌相、海水不可斗量”？你认为人的价值主要体现在哪些方面？

3. 你平时会以礼待人吗？你觉得怎样才叫作“有礼貌”？

4. 在你周围有类似的嘲笑其他同学的事吗？你怎么看？准备怎么做？

无用就是有用？

一天，惠子[①]饭后散步，不经意地瞥了一眼路旁的大树，灵机一动。他立即驾车，风风火火地奔向庄子[②]家，而此时庄子正在自家低矮茅檐的台阶上打草鞋。

惠子跳下马车，得意扬扬地对庄子说："我发现一棵大树，名字叫樗 (chū) 树。它的树干疙瘩盘结，小枝弯弯曲曲，根本无法用来制作任何器具。因此，它屹立在人来人往的大路旁，从来没有一个木匠会看它一眼。我觉得，您的那些言论就像这棵樗树一样，大而无用，必然会被大家所舍弃。"

①惠子，名施，战国中期著名的政治家、哲学家，名家学派的开山鼻祖和主要代表人物，还是合纵抗秦的最主要的组织者和支持者。

②庄子，姓庄名周，字子休，战国中期思想家、哲学家和文学家，是道家学派的主要代表人物之一，其代表作《庄子》。

庄子没有停下手中的活计，淡淡地说：“既然那棵大树无用，那为什么会有人把它种在人来人往的大路上，而不把它种在无人问津的旷野里？有了这棵树，人们可以自在地躺卧于树下，感受习习清风和树荫带来的阴凉，而这棵看似无用的大树也可以免除利斧之患；作为种树人，无用之树使他不必担心被人砍伐，只管在需要时前往享受树荫。树与人都能逍遥自适，这不是皆大欢喜吗？可见有用之用倒不如无用之用呀。”

畅所欲言

1. 为什么惠子觉得没用的樗树，庄子却认为有用？你认为什么是“有用”？你认为这种树有用吗？

2. 一小段碳条，在美术老师手里能画出精美的素描，可对不会画画的人，却发挥不出什么价值。你认为产生这种差异的原因是什么？

3. “垃圾”貌似是没用的东西，却支撑着一个庞大的回收产业，你了解吗？再结合本则故事，谈谈你对“有用”与“无用”的理解。

财商思考点

- 差异性
- 共性
- 差异的价值
- 尊重
- 换位思考
- “废”与“宝”
- 有用与无用

第10课

1+1如何大于2

天时不如地利，地利不如人和。

——孟子[①]

①孟子，战国时期著名哲学家、思想家、政治家、教育家，儒家学派的代表人物之一，与孔子并称“孔孟”。

身边的财商启示

一次，赛德去找咏仁，刚要准备敲门，突然听见咏仁和他妈妈似乎正在争辩着什么。“你怎么就不能再努力和认真点，看看隔壁小洁，人家数学都考了 96 分，而你才考了 82 分。你们都在一个班读书，差距怎么就这么大？”

“您又拿我和小洁比，每次都拿我和她比！她语文 87 分，我语文 97 分，您怎么不说我语文比她强呢？”

赛德为难了，是敲门呢？还是不敲呢？他想了想，决定还是改天再来吧。赛德转身走在回家的路上，边走边想：怎么才能解决类似的问题呢？因为周围同学似乎都遇到过这样的情况。

突然，赛德想道：为什么不建议咏仁和小洁他们互相帮助呢？他们俩各有所长，正好互补，互相帮助，彼此都能提高，岂不美哉？赛德越想越觉得这是个好主意，能帮上咏仁的感觉真好，恨不得再转身回去讲给咏仁和他妈妈听。

财商故事会

会“说话”的纸飞机

美术课上，老师要进行“最美纸飞机”的评选活动，同学们都迫不及待，想要做出自己心目中最美的纸飞机。“可以自己一个人做，也可以两个同学一起做。”老师特别补充道。

所有同学中，美智和承信是最受同学和老师关注的选手，因为美智擅长画画，承信擅长折纸。也正因如此，他们也是势均力敌的竞争对手。

两个人一开始都认为自己会获得成功，可半节课过去了，美智的纸飞机还没有设计出来，因为她虽然画得很好，可是折的飞机却不尽如人意，她都返工好几次了可还是不满意。而一旁的承信同样也没有做出令自己满意的纸飞机，因为他折的飞机很有立体感，活灵活现，但是飞机的外表装饰令他十分头疼——画画一直是他的短板，抓耳挠腮也没有画出他心目中漂亮的机身和机翼。

眼看时间过去一半，原来两个都很自信的人却像热锅上的蚂蚁一样，别说最美的纸飞机了，连普通的纸飞机都没法完成。这时，美智灵机一动，对身旁的承信说："要不我们合作吧，你看你折的飞机是班上最好的，我画的画也很漂亮。你负责折出飞机，我负责来装饰，你看怎么样？"承信一听，拍手称好。在两个人的通力合作下，他们终于完成了作品。

下课铃声响起之前，老师评选出美智和承信的作品是"最美的纸飞机"。在掌声中，有同学愤愤不平地说："他们是两个人完成的，这不公平！""我一开始就特别说了，可以自己一个人做，也可以两个同学合作来做，其他没有合作的同学，是没注意我说的话呢，还是没找到合作的同学呢？他们俩是照我要求做的，没有违规。"

说不公平的同学不再说什么了，这时老师微微笑着对同学们说道："这架纸飞机不仅是今天最漂亮的纸飞机，还是一架会说话的纸飞机，大家听到纸飞机说的是什么了吗？"

畅所欲言

1. 为什么老师说这是一架会说话的纸飞机，它说了什么？

2. 有同学说不公平，你认为他们俩合作完成的纸飞机被评为“最美纸飞机”公平吗？

3. 你在生活中有遇到需要合作完成的事情吗？给大家分享一次你最难忘的与他人合作的经历，最后谈谈你与他人合作过程中的感受。

超越自我

这个周六，赛德早早便起床收拾好，准备和爸爸去市体育馆观看大学生体育比赛。今天的竞赛项目是撑竿跳，而且今天的选手中还有一个赛德认识的大哥哥——张山。赛德是在一次慈善活动中认识这位哥哥的，当时这位大哥哥给了第一次参加慈善活动的赛德不少帮助，因此今天的比赛，赛德觉得自己必须要给大哥哥加油助威！

进入体育馆在观众席坐好后，赛德便从大屏幕上了解到，现在已经是撑竿跳项目的决赛了，共有 6 位选手，张山哥哥排在第五位出场。

眼看前面四个都已经跳完，赛德却发现第五个出来的不是张山哥哥，而是第六个选手，心里觉得好些奇怪。这时，宏义告诉赛德，可能是张山哥哥选择了更高的起跳高度，目前的高度他选择了免跳。

随着三名选手的失误和两名选手的成功，横竿升到了新的高度 5.10 米。这时赛事解说员通过广播告诉大家，这个高度将是大学生运动会的新纪录，瞬间整个会场沸腾了。现在场上还有三名选手出场，其中 0428 号还有一次机会， 0826 号预选赛成绩最好，还有两次机会，最后出场的 0938 号张山，还有三次机会。这时，赛德才发现，这位张山哥哥今天是志在必得呀！因为，如果跳过了，就打破学校纪录；跳不过，就意味着没成绩！

0428 号最后一跳，失败了；然后是 0826 号出场，不负众望地一跃而过，场上顿时掌声雷动，这个学校保持了近十年的记录，终于给打破了！接着，该张山哥哥出场了，这是他的第一次试跳，只见他也顺利地越过了过去，全场又是一片欢腾。

只剩下0826和0938两位运动员了，横竿升到了5.15米。0826号先出场，可惜没过，场上一片叹息声。赛德虽然也替0826号叹息，但想着这时张山哥哥已经锁定了冠军，又很是高兴起来，因为按比赛规定，他试跳次数最少，即使没跳过新高度也是冠军。这时赛德却意外地发现，张山哥哥仍然坚持了第二跳，不过很遗憾，这次他也没能越过去。

休息几分钟后，在全场屏住呼吸的关注中，0938号选手张山开始了他的最后一跳：只见他缓缓走到起跑点，做了个预备的姿势，随着裁判示意起跑后，手持撑竿、稳定地加速跑到起跳位置，一边撑竿、一边起跳，随着悬垂、摆体、举腿和引体几个动作，干净利落，过了，过了，越过去了！

赛德全程瞪大眼睛，生怕遗漏了一个动作，紧张的嘴都合不上，看着大哥哥越过去后，才惊喜地喊出声“太棒啦！太棒啦！”

比赛结束后，赛德和爸爸一起邀请张山哥哥一起吃饭为他祝贺，席间赛德特别问道：“哥哥当时已经是冠军了，而且还打破了学校的纪录，为什么还要跳呢？”

张山微微笑回答道：“其实，你们知道，我是物理专业，跳高纯粹是喜欢，冠军只是个称号，所以不是那么在乎，尽管当时已经拿了冠军，但我还是想争取下更高的记录，看能否再次突破自己。”

听完哥哥的回答后，赛德继续问道："那当第二次试跳失利后，哥哥心里会紧张、害怕吗？不过哥哥好厉害，第三跳又完美地跳了过去！是怎么做到的，哥哥快教教我！"

"当时还是有些紧张、激动、忐忑的。当时在准备第三次试跳的时候，我突然想起了著名的撑竿跳高运动员布勃卡的教练曾经给他讲'把心先撑过去'的话，这时心里便渐渐平静了下来，也就跳过去了。"

这次观看比赛，让赛德收获良多，也更喜欢这位大哥哥了。自那以后，赛德每次遇到困难的时候，就会以这句话来激励自己战胜自我。

"把自己的心先撑过去！"

畅所欲言

1. 在你的成长过程中，有过“突破自己”的经历么？请把当时的经历、心路历程等和大家分享分享吧。

2. 你如何理解“先把自己的心撑过去”这句话？

3. 有人说，“人生最大的敌人不是别人，而是自己”，你认为这话有道理吗？为什么？

财商思考点

- 合作
- 共赢
- 可比
- 不可比
- 超越自我
- 互补

第11课

财富之“用”

皆知有用之用，而莫知无用之用也。

——庄子[1]

①庄子，战国中期思想家、哲学家、文学家。姓庄，名周，宋国蒙人。他是继老子之后道家学派的代表人物，创立了重要的哲学学派——庄学，与老子并称“老庄”。

身边的财商启示

今天赛德参加了学校新落成的教学楼“逸夫楼”的落成典礼。典礼结束后老师在教室里给孩子们讲解了这栋教学楼为什么叫“逸夫楼”，并且让孩子们想一想为什么逸夫先生会这样做。

孩子们的回答形形色色，层出不穷。听完孩子们的回答后，老师总结道：“个人的价值并不在于拥有财富的多少，而在于给社会带来多大的益处。现在有很多富豪都会以公益慈善的形式来回馈社会，这样不仅能让自己的财富得到充分的利用，也让自己的产品或企业更能得到社会的认可和信任。”

“那具体是什么能体现一个人是否富有呢？”孩子们继续追问道。“有很多方式，”老师回答道，“比如一位道德高尚、知识渊博的教授，可能他在金钱方面并不是很富有，但是在精神和人格上大家都会认为他是富有的。一个人是否真的富有，不光是看他有多少钱，还要看他对社会的回报，对人类的进步是否有所贡献，所以慈善与公益也是衡量一个人是否富有的标准之一。”

老师接着讲道：“也就是说，判断一个人是否富有，除了看他兜里装了多少钱，还要看他心里装了多少人；而且，关键在后面，那就是用这些钱做了什么有益社会和大众的事，以及为心里装的这些人做了什么有益的事。那些心里只有自己的人，哪怕是住在堆满黄金的宫殿，也只能是一个‘穷得只剩下钱’的穷人！”

财商故事会

我浪费，我有“面子”

中国餐桌上存在大量浪费的现象，这似乎是个顽疾。媒体多年来一直未停止过节约粮食的呼吁，甚至央视都播放了控制舌尖上浪费、倡导“光盘行动”的公益广告。每年 3 月召开“两会”时也几乎都会有代表委员提出相关的议案，但餐桌上的浪费现象仍未得到有效控制。

特别是宴席，不管是婚宴、寿宴还是百日宴，浪费的现象随处可见。今天赛德随妈妈崇礼去参加张阿姨家孩子的百日宴，一桌 10 个人，饭菜剩了一半多，有些桌因为没坐满人，很多菜甚至都没有动。赛德看着满桌的剩菜觉得特别心疼，于是问张阿姨能不能把饭菜都打包带走或者留到晚上再吃。可张阿姨满不在乎地说：“不用，吃不完就放那里，或者倒掉就是了，不过就是一千多元一桌的事。”

回家后，赛德问妈妈：“是不是张阿姨家特别有钱呀？那么多动都没动过的菜，就直接扔了，好可惜呀！”妈妈说：“她只是特别好面子罢了。”

妈妈的回答让赛德想不太明白：什么是面子？浪费就是有面子吗？节约就丢面子？这些说法好奇怪！

畅所欲言

1. 你知道什么是“面子”吗？像张阿姨这样浪费真的很有“面子”吗？为什么？

2. “只要是自己掏钱就可以随意浪费。”你认为这种观点对吗？为什么？

3. 一个真正富有的人需要以浪费来换“面子”吗？你觉得这种表面的豪气背后是什么？

富有与贫穷

法国大作家巴尔扎克笔下的葛朗台是个守财奴，更是个吝啬鬼。看到金子便想方设法去占有，便是葛朗台一生的全部追求。他为了钱可以不惜一切手段，有时甚至还装聋作哑去骗钱。

尽管葛朗台家财万贯，可对于妻子和女儿的日用品他都要按量配给。葛朗台的弟弟破产后来求他帮忙时他也置之不理。为了财产他甚至可以逼走侄儿，剥夺自己女儿对母亲遗产的继承权，不许女儿恋爱，断送她一生的幸福。在他临死前他还要女儿把金子放在自己身旁，因为只有金子才能使他“暖和”。

葛朗台狭隘地认为唯一的财富就是金钱，只有黄金堆成山才是富有，到死都恨不得能死在黄金堆里。可财富仅仅只是我们所看到的钞票、银行存款账户里的数字吗？从葛朗台的故事中我们明白为什么说有些人是“穷得只剩钱”了。

畅所欲言

1. 你知道葛朗台这个人物吗？请简单介绍一下你对葛朗台的印象。

2. 你觉得葛朗台真的富有吗，为什么？你觉得他获得金钱的同时，失去的又是些什么呢？

3. 你觉得葛朗台装满黄金的屋子是家吗？为什么？

4. 在阅读完本课的所有故事之后，谈谈你对“财富之用”的理解。

财商思考点

- 个人财富
- 社会资源
- 浪费
- 物质财富
- 精神财富
- 房子与家
- 面子

第12课

选择与得失

有所取必有所舍，有所禁必有所宽。

——苏轼①

①苏轼，字子瞻、和仲，号铁冠道人、东坡居士，世称苏东坡，眉州眉山（四川省眉山市）人，北宋著名文学家、书法家、画家。

身边的财商启示

这天，宏义带着赛德去商场买乐高玩具。一进店，赛德便迅速地沉浸在了各种乐高玩具的大海之中，时而看看这个，时而又摸摸那个……

时间很快过去了 15 分钟，看着还在兴奋比选模型未做最终决定的赛德，宏义走了过去，问道：“还没选好吗？有什么困难吗？”赛德一手拿一个模型，扬起小脸蛋回问道：“爸爸，你说我选哪个好呢？我既想要这个‘特种部队’，又想要这个‘漫威英雄’，还有架子上这个‘模拟城市’也很有意思，要是能全部都买就好了，只选一个好难呀！”

“你说得很对，选择有时确实很难。这样，为了帮助你做出选择，你能不能简单地说说喜欢这三个玩具的原因，想从玩的过程中学到些什么？”

赛德简要地说了喜欢的理由后，宏义继续说道：“我们的钱是有限的，而乐高的玩具类型却又很多，我们不可能同时把所有的乐高玩具都带回家。因此，你必须进行取舍，选择其中一个，就意味着这次就不能再买另外两个。按你刚才说的理由，你自己决定买哪一个吧。”

“那我就选这个‘模拟城市’吧，我希望能建一个属于自己的理想城市，我在城市里也可以设计英雄和特种部队，这样也就可以弥补一下另外两个‘损失’了。你觉得呢？”

“好主意，那就这么愉快地决定了！”宏义边说边伸出拳头和赛德碰了碰。

财商故事会

后悔药与建设性

赛德的心情晴雨表已经连续几天保持“阴”——自责、懊悔、低落，因为在学校犯错被老师批评了……

宏义知道后给赛德讲了“破罐不顾”的成语故事，希望能给他一些启发和思考。

东汉末年，有个叫孟敏的人。有一天，孟敏到市上买了一只煮饭用的陶罐担在身后往家赶。一不小心，只听“哐啷”一声，他感到担子后端轻了许多，显然是罐子掉地上摔碎了。孟敏连看也没看一眼，似乎什么都没发生，仍然径自往前走。另一个叫郭太的人见着觉得奇怪，便问他为什么自己的罐子摔碎了看都不看一眼。孟敏回答说：“罐子已经碎了，看它有什么用呢？”

赛德听完故事后，还是不太明白爸爸给他讲这个故事的用意。

宏义笑着说：“这个故事告诉我们，人不能总是纠缠于已发生的错误，否则会因为悔恨、自责等情绪造成更多损失。人们不也常说‘世上没有后悔药可吃’吗？发现自己错了，应该端正态度马上改正，这样才能从自己的‘错’中总结出‘对’的经验，避免以后犯同样的错误。而且也需要保持良好的心态，不能因为错误而丧失了进步的信心与勇气。”

“哦，我知道了，爸爸通过这个故事是想让我不要因为一个错误而丧失了自信心，犯错后需要的是端正态度改正而不只是自责懊悔。”

“你真聪明，”宏义继续说道，“我们不仅不能丧失自信心，还要把自己做错的事情拿出来和做得对的人进行比较，找到自己错误的地方，以便更好地改正。正如西方有谚语‘不要为打翻的牛奶而哭泣’所说的道理一样，既然牛奶已经打翻了，无论怎样哭，牛奶也不会重新回到碗里。只有吸取教训，避免下次再把牛奶打翻，才是真正正确的选择。”

赛德听完后说道：“明白了，自责并不能弥补损失；只有建设性地改正，才能避免重蹈覆辙！”

宏义听了后说道：“咦，现在喜欢用成语了？这很好，是个进步。知道吗？在经济学中，这个破罐子还有个术语，叫‘沉没成本’。”

畅所欲言

1. 你如何理解“失败是成功之母”这句话？你认为，“失败”要怎样才能变成“成功”？

2. 在了解“破罐不顾”的故事后，你觉得该如何理解“沉没成本”？

3. 什么叫“建设性”思考问题？你有过建设性思考、解决问题的经验吗？和同学们分享一下。

既要读书，还要踢球

这天放学后，赛德妈妈来学校找到赛德的班主任于老师，想和老师沟通一下孩子近期的成长与学习情况。

一走进于老师办公室，崇礼便道出了心中的困惑与焦虑："于老师，我好纠结，都不知道该如何选择了。足球教练说赛德是一根好苗子，不进行专业训练可惜了。可一旦进入专业队，每天的训练时间需要 4 小时以上，而且周末也不能休息，每周二和周四还要早训，等达到三级运动员水平就要去更专业的球队进行更加专业的训练。训练时间这么长，势必会影响孩子的学习。于老师，您给我出出主意吧。"

于老师没有立马回答赛德妈妈的话，而是问了赛德的想法。可能因为是孩子，没有大人考虑得那么多，赛德很认真地回答道："我觉得没什么问题，我的身体吃得消。我会抓紧学校学习的时间，也会努力提高自己的足球水平。因为我都不想放弃，既想踢好足球，又想搞好学习。"

于老师轻声地对崇礼说道："现在你最苦恼的还是孩子学业和踢球之间的平衡，如何兼顾、如何取舍，对吗？作为老师，我个人认为首先要弄清楚孩子的兴趣和特点，既然孩子那么喜欢，而且他有信心同时兼顾好，那就尊重孩子的选择，让他先参加足球队。如果有什么问题，我们再商量进行调整就可以了，你说呢？"

畅所欲言

1. 如果你是赛德，你会怎么选择？为什么？

2. 如果两者都不想放弃，你觉得需要做出怎样的努力？

3. 有人说，人生既要做加法，也要学会做减法。你觉得这个“加法”和“减法”是什么意思？你现在是要加还是要减，为什么？

4. 你在生活中有遇到过这样类似的两难选择吗？如果有，请给大家分享你当时面临的两难选择是什么，以及你最后是如何选择的。

吃西瓜的青年

一个青年非常羡慕一个富翁取得的成就，于是他跑到富翁那里请教成功的诀窍。

富翁弄清楚青年的来意后什么也没说，转身到厨房拿来一只大西瓜，并把西瓜切成大小不等的三块。

“如果每块西瓜代表不同程度的利益，你会选择哪一块？”富翁一边说，一边把西瓜放在青年面前。

“当然是最大的这块。”青年毫不犹豫地回答，他眼睛直直地盯住最大的那块西瓜。

听完后，富翁笑了笑：“那好，请用吧。”

富翁把最大的那块递给青年后，自己却吃最小的那块。

当青年还在享用最大的那块西瓜的时候，富翁已经吃完了最小的那块。接着，富翁得意地拿起剩下的那一块，还故意在青年面前晃了晃，然后大口吃了起来。

其实，最小的那一块和剩下的那一块加起来要比最大的那一块大得多。

青年马上就明白了富翁的意思，富翁吃的两块西瓜每块都比自己的小，但两块加起来却比自己的大。如果每块西瓜代表一定程度的利益，那么富翁赢得的利益自然比自己的多。

吃完西瓜，富翁讲述了自己成功的经历，最后，他对青年语重心长地说："要想成功，就要学会放弃，只有放弃眼前利益，才能获得长远大利。这就是我的成功之道。"

畅所欲言

1. 为什么青年选择最大的那块西瓜后反而没富翁吃得多？这个故事带给我们的启发和思考是什么？

2. 打游戏能马上获得某种成就感，而学业却要多年以后才能见效果。两者之间，你会怎么选择呢？为什么？

3. 阅读完本课的三个财商小故事后，请谈谈你对本课开篇苏轼说的“有所取必有所舍”这句话的理解和感受。

4. 玩沙子的时候，大家都有这样的体验：越是想把沙子紧紧抓在手里，最后能捏得住的沙子反而越少。同学们能从中悟出什么道理吗？

财商思考点

- 选择
- 比较
- 当前利益
- 长远利益
- 沉没成本
- 机会成本
- 舍与得

第四单元

财富自由

第13课

小钱与大钱

不积跬步，无以致千里；不积小流，无以成江河！

——荀子①

①荀子，名况，字卿，战国末期赵国人，著名的思想家、文学家和政治家。

身边的财商启示

春节是孩子们最喜欢的节日——不仅能吃好玩好，热闹非凡，而且能从长辈那得到不少红包。这不，赛德也正“一夜暴富”般乐呵呵地数着自己的压岁钱呢。

亲爱的同学，你过年是不是也会像赛德一般“一夜暴富”？那这里有几个问题，咱们一起来想一想：过年的压岁钱该归谁？压岁钱又该怎么使用？可不可以用这笔 “大钱”买平时自己想买的，但父母又不同意买的 “奢侈品”？

其实，赛德早就心仪最新版本的哈利·波特魔法世界系列乐高玩具，可因为价格太贵，一直舍不得买。这下有钱了，可以想干什么就干什么了！

崇礼像是看出了赛德的心思，把嘴凑到他耳边轻轻地说：“儿子，是不是恨不得马上冲到乐高专卖店呀！”赛德猛点头，可又有点不好意思地说：“想是想……但是，担心爸爸不让我买。他会说小孩子花钱不要养成大手大脚的习惯。”

说曹操，曹操到，宏义也端着茶杯走了过来，而赛德竟被吓得做了个鬼脸。宏义疑惑地说道：“赛德，得了那么多压岁钱，怎么是这幅表情？”赛德只好把自己的计划告诉爸爸。“哈哈哈……我是说嘛，你怎么看到我就玩起了川剧‘变脸’！”宏义摸了摸赛德的头，继续说道：“儿子，既然是你的压岁钱，当然该由你自己自由支配。不过在此之前，爸爸想给你讲一个用压岁钱设奖学金的故事。”一听说爸爸要讲故事，赛德浑身都起劲，目不转睛地看着爸爸。

财商故事会

用压岁钱设奖学金的故事

这个故事发生在重庆市，故事的主人公叫罗子骏。2019 年 2 月 12 日，渝东南少数民族地区留守儿童奖学基金罗子骏奖学金在重庆市慈善总会设立，17 岁的罗子骏承诺，连续 10 年，每年将向市慈善总会捐赠不少于 2 500 元，并利用暑假去秀山县云隘村开展志愿服务活动。

罗子骏是重庆市第八中学高 2020 级的一名学生，2018 年 2 月 22 日，他首次参加了慈善活动，了解到仍然有很多需要帮助的人，“慈善之心”在从那一刻开始萌芽。

2018 年 8 月 15 日罗子骏正式加入了重庆市慈善总会志愿者总队，在随后的志愿活动中，他了解到重庆酉阳、秀山等渝东南地区有许多想读书但经济条件差的留守儿童。随后 9 月 14 日，罗子骏第一次将压岁钱捐到“渝东南少数民族地区留守儿童奖学金”。为激励自己继续投身慈善，在慈善的道路上永不懈怠，他决定利用自己的压岁钱，这才申请设立了以自己名字命名的罗子骏奖学金。

宏义还告诉赛德，其实这类基金和奖学金，并不是罗子骏的首创。2009 年，南京在全国就率先推出了可以个人冠名的慈善基金。捐助者还可用“留本捐息”的方式向南京市慈善总会认捐一定数额的资金，认捐起点为1万元。既可一次性全额捐入，也可一次认捐、分年到位（最长不超过20年，即每年500元）。谁的基金谁做主——名字怎么起，善款怎么用，都由捐赠人说了算。

宏义最后说道："所以，赛德，不要小看压岁钱的力量。哪怕只是每年出500元，少买一盒乐高，你也可以设立一个你自己的奖学金去帮助许多需要帮助的小朋友！"

畅所欲言

1. 小朋友们，你觉得赛德会去买那个他心仪的乐高玩具吗？为什么？

2. 既然是"自己的"压岁钱，为什么不能"任性"点，想怎么花就怎么花呢？

3. 如果你在春节总共得到3000元的压岁钱，你准备怎么花？请认真思考，然后和同学、老师作分享。

4. 如果你准备设立一个以你自己名字命名的奖学金，你会怎么做？你的奖学金要怎么用？符合什么条件的小朋友才能得奖呢？

复利的魔力

一个年轻人来到王宫，要求与国王下棋。经过紧张的激战以后，年轻人赢了国王。国王信守承诺，问道：“年轻人，你要什么奖赏？”年轻人说他只要一点小奖赏：在他们下棋的棋盘上放上麦子——棋盘的第一个格子中放上一粒麦子，第二个格子中放进前一个格子数量一倍的麦子，接下来每一个格子中放的麦子数量都是前一个格子中的一倍，一直将棋盘每一个格子都摆满就可以了。

国王没有仔细思考，以为这个要求很低，就欣然同意了。但很快国王就发现，即使将自己国库所有的粮食都给他，也不够百分之一。

从表面上看，青年人的要求很低，毕竟第一个格子只放一粒麦子，但是经过很多次的翻倍，就迅速变成庞大的天文数字。

这个故事中放麦粒的原理和我们财经领域一种计算利息的方式——复利的原理相同。简单地说，复利就是“利滚利”或“利上加利”，一笔存款或者投资获得回报之后，再“连本带利”进行新一轮投资，这样不断循环，就是计算复利。

举个简单的例子：如果抽烟的爸爸能戒烟，并把每天一盒 20 元的烟钱用来投资，且收益率能稳定地达到一年 10%。从 25 岁生日那天开始，到 65 岁退休时，就能获得约 390 万元的回报。只要坚持追求复利的原则，即使起步的资金不大，也能因为足够的耐心加上稳定的“小利”，拥有一笔不可小视的财富。这样，“小钱”就能变“大钱”了。

畅所欲言

1. 你的零花钱是存放在“秘密盒子或存钱罐”里，还是存在银行里？这两种方式有什么不同吗？

2. 除了存银行，也可以利用余额宝或财富通存钱。查一查几种不同方式的差异后，你们觉得哪一种最合适呢？为什么？

3. 你周围有人抽烟吗？你能不能用戒烟后把钱用于投资的例子，劝劝他们别再抽烟呢？还有类似抽烟这样的例子吗？

4. 在读了本则关于复利的故事之后，请谈谈你对巴菲特所说的“人生就像滚雪球，最重要的是发现很湿的雪和很长的坡！”这句话的理解。

财商思考点

- 奢侈品
- 零花钱
- “家庭税”
- 储蓄账户
- 慈善基金
- 权衡
- 利率
- 复利

第14课

成绩与奖励

欲穷千里目，更上一层楼。

——王之涣①

①王之涣，是盛唐时期的著名诗人，字季凌，善于描写边塞风光，代表作有《登鹳雀楼》《凉州词》等。

身边的财商启示

秋季开学不到一个月，为了鼓励大家争先、争优，班上开展了评比新学期“优秀学生”的活动。可关于该评谁，大家有不同的看法：选学习成绩最好的；选打篮球最好的，因为能在学校篮球比赛时给班级争得荣誉；选跳舞最好或唱歌最好的，能在学校文艺会演时给班级争得荣誉；选演讲与主持能力最好的；选热情积极协助老师、帮助同学的……最后大家达成共识：可以按不同的项目评“×× 科优秀学生”，但每一科目还是按照成绩总评加师生投票来评定。

赛德获得了“学习科优秀学生”的称号，他拿着写着大大的、鲜红的奖状，冲进家门，一边跑一边喊道：“妈妈，妈妈，快来看呀！我拿奖状啦！”崇礼老远就听见赛德的欢呼声，一把接过儿子手中的奖状，鲜红的评语显得格外醒目。

“祝贺你！我的宝贝儿子！”崇礼把赛德紧紧抱在怀里。这时宏义走过来，看着这对好像中大奖的母子，笑眯眯地问：“什么事儿，把你们开心成这样啊？”崇礼把那张光荣的奖状递给宏义说：“哈哈，咱儿子中状元啦！”宏义满意地点点头，向赛德伸出右手握成拳头，和赛德的拳头正面碰了两下，又翻了一面碰了两下，彼此看着笑了。

碰完拳头后，赛德说：“谢谢爸爸！然后呢……”他吐了吐舌头。宏义挠挠后脑勺说道：“然后，然后你可以去玩了呀。”赛德对爸爸说：“爸爸，我得了‘学习科优秀学生’的奖状，这个奖项在班上是唯一的，您得给我买个大黄蜂机器人。”没想到，刚才还高高兴兴的爸爸却摇了摇头，拒绝了赛德的要求。赛德也顿感失落地回到自己的房间，虽然没说什么，可他在心里埋怨了爸爸一百次，觉得爸爸简直就是“葛朗台”。

财商故事会

这算什么奖励？

没过几天，十一国庆长假到了，宏义和崇礼带着赛德游玩了珠海长隆海洋馆。他们在海洋馆中欣赏了各种各样、千姿百态的海洋鱼类，还有赛德最喜欢的海狮和海豹表演。表演中，在驯兽员的指挥下，海狮和海豹轮流做着各种高难度的表演动作——它们能像杂技演员一样头顶皮球、套圈、表演水中芭蕾、跳火圈等。海狮和海豹与驯兽员配合得丝丝入扣，令人叹为观止。

在观看表演的过程中，赛德很好奇，驯兽员是通过什么方法让这两种智商远远低于人类的动物，做出这么高难度的动作的。后来通过细心的观察他发现：每位驯兽员的腰间都系着一个小兜，他们时不时地从中掏出小鱼喂海狮和海豹。特别是当它们出色完成高难度动作时，驯兽员会奖励它们更多的小鱼。

赛德摇摇坐在旁边的宏义："爸爸，你看！只要海狮和海豹做得好就有奖励。我考到好成绩时，您怎么没给我奖励呢？"

宏义把眼睛睁得大大的，委屈地说："我每一次都给了你奖励呀？爸爸的拥抱、同你碰拳头、把你举过头顶、给你讲故事，还有这次计划之外的长隆之旅不是都是奖励吗？"

“这算什么奖励！我们班同学拿了奖状，他们的爸爸妈妈就会给他们买礼物，或者带他们去吃好吃的、去玩好玩的，有的爸爸妈妈还直接给钱呢！”赛德有些不满地回答道。“他们都笑我说你的爸爸真抠门，拿了竞争最激烈的‘学习科优秀学生’，啥都不给！”赛德委屈地把脸扭到另一边。

找到自己的“小鱼”

宏义看到赛德那副比窦娥还冤的模样说：“儿子，这些海狮、海豹很厉害吧？可为什么它们没能修建高楼大厦、没能发明计算机和互联网呢？”赛德虽然不高兴，还是迅速地想了想，又觉得想不明白，就没好气地说：“爸爸，你这要求也太高了，怎么能给这些动物提这样的要求呢？”

“一个重要的原因，就是这些动物只看到了驯兽员兜里的小鱼，却没注意海洋馆通过门票赚取的收入可以买多少吨的小鱼。所以这些看似奖励的小鱼其实就是它们自己挣的呢。”宏义顿了顿，继续耐心平和地说道：

“其实，爸爸那天就注意到了你的不高兴，这也是今天带你来海洋馆玩的原因。希望你能明白人比海狮、海豹高明的地方，那就是人要有自己的生活目标，而不是跟着驯兽师的‘小鱼’走，或者，像小狗总跟着主人的‘骨头’转。

学习是为了提升你自己的能力，并不是为了让爸爸和妈妈高兴。当然，你成绩好，爸爸和妈妈会很开心，这是因为爸爸和妈妈爱你，我们是一家人。你学习，是为了实现你自己的目标，例如，成为一个好的牙医，而不是为了爸爸妈妈手里的奖金，或别的什么物质奖励。这些奖励，不就是驯兽师篮子里的小鱼吗？

如果你真的需要其他玩具或东西，可以直接提出来和我们商量，我们觉得必要，自然会给你买，这和你的学习成绩之间没有直接的关系，而只与必要性有关。

所以，儿子，爸爸和妈妈手里没有小鱼，因为你不是海狮或海豹。虽然现在你还只是一个小孩子，但你是个独立的人、有更远大理想的人。你是为你自己学习，不是为了爸爸妈妈的奖励而学习！”

赛德听了爸爸的话，不但不再生气了，反而为爸爸妈妈如此尊重自己而感动，不好意思地将头靠在宏义的肩上说：“爸爸，我明白了，你和妈妈手里没有小鱼，而是要我学会找到自己的小鱼呀！”

畅所欲言

1. 你觉得故事中宏义对赛德说“爸爸妈妈手里没有小鱼”的这个“小鱼”是指什么？

2. 为什么最后赛德会觉得爸爸妈妈是在尊重自己？

3. 你的爸爸和妈妈手里有“小鱼”吗？为什么？如果有的话，一般是什么？如果没有的话，你不满或者埋怨过吗？

4. 你找到属于自己的“小鱼”了吗？是什么？请和大家分享。

财商思考点

- 成绩
- 物质奖励
- 精神鼓励
- 自我激励
- 为自己学习
- 潜能
- 驯兽员
- “自己的小鱼”

第15课

无处不在的风险

千丈之堤，以蝼蚁之穴溃；百尺之室，以突隙之烟焚。

——韩非子[①]

①韩非子，新郑（今河南省新郑市）人，战国时期杰出的思想家、哲学家和散文家，法家代表人物。

身边的财商启示

赛德、承信和几个男生正计划着去学校的篮球馆打篮球，刚走出教室门，便听见一阵惨叫。大家顺着声音传来的方向望过去，只见一个男同学蜷缩在楼梯的拐角处，双手捂着右腿哇哇大哭。

赛德一行连忙走过去把他扶起来，原来那个同学是在飞奔向体育场打球的过程中一不小心摔下了楼梯。他这跤可摔得不轻，都骨折需要住院治疗了。老师为此还举办了一次安全教育主题班会——“小学生活中常见的风险以及应对”。

通过各种各样丰富的活动，大家进一步了解到，原来在日常生活中风险是无处不在的。例如：过马路玩手机，不遵守交通法规闯红灯；溜冰怕热嫌麻烦不戴好护具，求刺激快速滑行；坐拥挤的地铁将包随意背在身后，没看管好自己的手机钱包；等等。班级歌神——承信听到这么多的风险，忍不住忘情地唱起了《为什么受伤的总是我》，他那副搞笑的样子惹得大家哈哈大笑。笑归笑，通过这一课，每个同学都真切地意识到了预防风险和规避风险的重要性。

财商故事会

为什么要买保险？

后来，大家从老师的口中得知那个骨折的同学住院治疗要花了很多钱，但他家里经济条件一般，因此这件事情给他们家带来了不小的影响。同学们正为其担忧的时候，又听老师说幸好这个同学在学校买了意外保险，理赔后才解决了家里的燃眉之急。

关于保险，有人在认识上有误区，认为那都是保险公司想赚我们的钱设的圈套。因为每年交保险费给保险公司，可人哪里能年年都生病或出事呢？如果没生病或者没出事，钱不就白交了吗？这话听上去似乎有“道理”，但其实保险背后还有更深的“道理”。

假如一个人现在得了非常严重的病，请他的亲戚朋友来帮忙，能帮忙的人一般情况下不超过 100 人，假设平均一个人拿出 1 000 元来帮忙，总共合起来也不过 10 万元。这点钱看病可能都不够，又如何能照顾病人今后的生活呢？

但是，假使这个人有 100 万个亲戚朋友，每一个人只要拿出 1 块钱，就能凑到 100 万元。一个人拿出 1 块钱是太容易了，但是要认识 100 万个亲戚朋友，却谈何容易？恐怕一辈子也认识不到那么多人。

然而，通过保险，就能帮你去结交 100 万个“亲戚朋友”，而他们当中的任何一个人发生最不如意的事情时，我们都会拿出 1 块钱来帮他，凑成 100 万元解决他面临的危机，这些“亲戚朋友”，就是同一家保险公司的客户。

保险公司不过是公平合理地收集、管理、分配这些互助基金的中间人，或者这 100 万名“亲戚”或客户的组织者而已。买保险主要是为了转移、规避和分散风险，即通过多数人花少量的保险费，为少数遇险的人承担较大的经济损失。这就像一把保护伞一样，它把个体承担的风险分散到家家户户每个人身上，让我们每个人都不至于因为某些意外事件而陷入无法自拔的困境。

畅所欲言

1. 请想一想，如果那个同学没有买意外险，会给他的家庭带来怎样的影响？

2. 回家问一问爸爸妈妈，你们家都投保了哪些险种？也可以上网查阅了解保险的功能和常见的保险类型。

3. 你觉得你们家里，谁应该买更多的保险，为什么？

不要把鸡蛋放在同一个篮子里

如果我们有一堆鸡蛋，要把它们转移到另一个地方，你是用一个篮子还是几个篮子呢？我们假设每个篮子掉到地上的概率都是一样大的。如果把鸡蛋放在一个篮子里，那么如果篮子掉地上了，鸡蛋就会全部摔坏了；但是如果我们把鸡蛋分别放在不同的篮子中，即使有一两个篮子摔了，但是其他鸡蛋还是完好无损的，这就整体上降低了鸡蛋被摔坏的风险。

这个原理在金融投资领域有个专业的术语叫“组合投资、分散风险”，简单理解这个术语就是，把钱投到不同的地方以分散投资的风险。咱们可以举个例子来进一步理解。

小强在城里开了个小龙虾店，天气冷的时候就没生意，每天要亏损 1 000 元；而天气热的时候，店里就座无虚席，每天能赚 6 000 元。

有一天小强想到手里还有些闲钱，准备再开一家啤酒冷饮超市，天气冷和天气热的时候分别赚的钱和亏的钱与小龙虾店完全一样。这时候，小强的朋友小明出了个主意，说不如开一家麻辣烫，天气冷的时候可以座无虚席，能挣 5 000 元，但天气热的时候只能保本，收益是 0 元。

我们假设，现在正值夏秋之交，天气变化无常，天冷的概率是 50%，天热的概率是 50%。那小强应该开什么店呢？

畅所欲言

1. 如果你是小强，在听了朋友小明的建议之后，你会选择开一家啤酒冷饮超市，还是麻辣烫店？为什么？

2. 有人讲鸡蛋不要放在同一个篮子里，也有人讲有限的资金一定要用在最赚钱的项目上。你觉得这两种说法矛盾吗？为什么？

3. 你觉得是否要把鸡蛋放在同一篮子里，与篮子的质量有关系吗？篮子质量的好坏，在投资中相当于是什么呢？

4. 在阅读了本课的故事之后，请谈谈你对“无处不在的风险”的理解、想法或感受。

财商思考点

- 风险与安全
- 保险
- 意外险
- 保险费
- 规避风险
- 投资风险
- 分散风险
- 转移风险

第16课

财务自由之路

祸莫大于不知足，咎莫大于欲得，故知足之足常足矣。

——老子①

①老子，姓李名耳，字聃，春秋末期人，中国古代思想家、哲学家、文学家和史学家，道家学派创始人。

身边的财商启示

夏天来了，天气渐渐炎热起来。

这天，崇礼带着赛德去商场买了一身短装，看上去既精神、又帅气。但赛德自己却总觉得还差了点什么，想了想对妈妈说道：“妈妈，要是能再配上一块运动手表，就更好啦！”

“你说得很对，妈妈也觉得是这样。不过你也知道，妈妈每个月花钱都是有计划和预算的，目前这个月除了零花钱，给你预算的支出已经花完还超支了一些。如果你坚持要买，也可以，但需要从你下一个月的零花钱扣。也就是说你可以买一块运动手表，但你接下来的这个月都没有零花钱。你还想现在买吗？”

赛德突然觉得，这是个“两难”的选择，既想要手表，又不想没零花钱用。最后觉得，一切都是因为钱太少的缘故，就向妈妈问道：“爸爸的公司什么时候能赚大钱呀？这样我们就能想怎么花就怎么花，那多好呀！”

崇礼摸了摸赛德的小脑袋说道：“你说的这个，有时被称为‘财务自由’，也就是平时说的‘吃不完、用不尽’，背后的财经原理是说‘挣进来’的现金流总大于‘用出去’的现金流。”

“当然，这个说法本身并不准确，因为所有的资源都是有限的，不可能用之不竭。这里所说的‘吃不完、用不尽’只是相对的一个概念。例如最近网络上说的太古里自由、王府井自由和红旗超市自由，都是‘买买买’的自由，但自由的层次不一样。”

“自由的层次？这是什么意思呀？”

看着赛德在无奈的两难选择中选择面对现实，开始对新知识感兴趣，崇礼决定给赛德再讲一个故事，以便于他更好地理解财务自由的相对性。

一个风和日丽的上午，富翁正带着他的孙儿在海边晒太阳，看见一个乞丐也躺在沙滩上晒太阳，就对乞丐说：“你这么年轻为什么不干点正经事呢？”乞丐问：“什么是正经事？”富翁说：“你可以打工挣钱啊。”

乞丐又问：“挣了钱干什么？”富翁说：“挣了钱可以像那些渔夫一样买条船打鱼呀！”乞丐又问：“打鱼做什么？”富翁看此人问个没完，有些不耐烦了，说：“打鱼卖了钱可以盖房子娶媳妇生儿子，再给儿子娶媳妇生孙子啊！”乞丐问：“再然后呢？”富翁说：“再然后就像我一样抱着孙子躺在沙滩上晒太阳。”

乞丐听完哈哈大笑，说道：“我现在不和你一样躺在沙滩上晒太阳吗？又何必再费那么多事！”

听完妈妈讲的故事后，赛德觉得似乎明白了一些，又不禁深思起了乞丐与富翁的对话，似乎乞丐说得也有道理。

“妈妈说了这么多，赛德，你自己的财务自由标准是什么呢？是乞丐的标准还是富翁的标准呢？”看着赛德若有所思的样子，崇礼不禁微笑看着赛德问道。

财商故事会

财务自由二三事

李嘉诚在很多创业者眼中是一个导师，而在很多普通人的眼里，他无疑是个超级富豪。

可你知道吗？李嘉诚童年生活很艰苦。14 岁那年（1940 年），正逢中国战乱，他随父母逃难，投靠香港的舅父庄静庵，不久后父亲便因病去世。身为长子的李嘉诚为了赡养母亲、供养弟妹，不得不辍学打工。李嘉诚先在舅舅的钟表公司当学徒，之后又到一家塑胶厂当推销员，由于他勤奋上进，表现优秀，很快便升为总经理。

李嘉诚为了学习塑料花的生产工艺和相关知识，隐姓埋名远赴荷兰一家塑料花厂做起了清洁工。之所以做清洁工，是因为这样他可以利用进入各个岗位做清洁的机会学习。他带着几大箱笔记回到香港后，又向亲友借了 5 万港元，加上自己全部积蓄 7 000 元，创办“长江塑胶厂”。他的诚信经营使“长江塑胶厂”在短短的 7 年时间里发展成为世界上最大的塑胶花生产基地，李嘉诚也因此获得了“塑胶花大王”的美誉。

1965 年 2 月，香港发生了严重的银行信用危机，人心惶惶，投资者及市民纷纷抛售房产，离港远走。香港房地产价格暴跌，地产公司纷纷倒闭。李嘉诚却智慧地运用“人退我进、人弃我取”的战略在楼市获得巨利，使手上的资金暴增。后来他还在汇丰银行的支持下成功控制了老牌英资财团和记黄埔。

李嘉诚先生从一个穷小子通过艰辛地努力改变了自己的命运，最终实现个人财务自由的故事值得我们每个人思考和借鉴。

我们羡慕富豪们能实现财务自由。那什么叫财务自由呢？财务自由是指人无须为生活开销而努力为钱工作的状态。简单地说，是你随时挣来的钱，总是大于你随时想花的钱；或者你收入的现金流，大于你的想开支的现金流，就是实现财务自由啦！

当然，并不是必须要像李嘉诚先生一样拥有如此多的财富才算财务自由。其实，财务自由是一个自我判断和衡量的结论，是所得相对于所用而有余的一种情况，所以，既与用有关，也与得有关。

例如，乞丐虽然穷，但他生活要求不高，有太阳晒、能讨到饭吃就好，在别人眼里他很穷，可他自己觉得已经“财务自由”啦。又如，葛朗台虽然有了大量的金钱，但却总觉得不够，不但没能自由，反而成了金钱的奴隶。一些富翁虽然已经有了很多财富，却仍然十分努力，究竟是不是自由了，只有他们自己才知道。

畅所欲言

1. 结合本课中富翁与乞丐，以及李嘉诚的故事，谈谈你对“财务自由”的理解。

2. 在理解了“财务自由”之后，你觉得你的“财务自由”会是一种什么状态，请认真思考后写下来或画下来，然后和老师、家人、同学一起分享探讨，该如何实现自己的财务自由?

3. 你怎么理解李嘉诚先生说的“人退我进、人弃我取”? 在生活和学习中，你身边有这样的例子吗?

4. 思考李嘉诚做清洁工“偷艺”的经历对他后来开厂的重要意义。这对你有什么启发?

财商思考点

- 财务自由
- 创业者
- 推销员
- 诚信经营
- 信用危机
- 倒闭
- 现金流
- 楼市